企·业·家 QIYEJIA

计算机之父

沃 森

JISUANJI ZHIFU WOSEN

李丹丹◎编著

辽海出版社

图书在版编目(CIP)数据

计算机之父沃森 / 李丹丹编著. —沈阳：辽海出版社，2017.6

ISBN 978 - 7 - 5451 - 4180 - 1

Ⅰ.①计… Ⅱ.①李… Ⅲ.①沃森(Watson，Thomas John 1874 - 1956)-传记 Ⅳ.①K837.125.38

中国版本图书馆 CIP 数据核字(2017)第 137232 号

责任编辑：孙德军　王钦民

封面设计：李　奎

出版者：辽海出版社

地　　址：沈阳市和平区十一纬路 25 号

邮　　编：110003

电　　话：024-23284381

E-mail：dszbs@mail.lnpgc.com.cn

http://www.lhph.com.cn

印刷者：北京一鑫印务有限责任公司

发行者：辽海出版社

幅面尺寸：155mm×220mm

印　　张：14

字　　数：218 千字

出版时间：2017 年 7 月第 1 版

印刷时间：2017 年 8 月第 1 次印刷

定　　价：29.80 元

总　序

　　我们每个人心中都有自己崇拜的名人。这样可以增强我们的自信心和自我认同感，有益于人格的健康发展。名人活在我们的心里，尽管他们生活在不同的时代、不同的国度、说着不同的语言，却伴随着我们的精神世界，遥远而又亲近。

　　名人是充满力量的榜样，特别是当我们平庸或颓废时，他们的言行就像一触即发的火药，每一次炸响都会让我们卑微的灵魂在粉碎中重生。

　　名人带给我们更多的是狂喜。当我们迷惘或无助时，他们的高贵品格就如同飘动在高处的旗帜，每次招展都会令我们幡然醒悟，从而畅快淋漓地感受生命的真谛。只要我们把他们视为精神引领者和行为楷模，就会不由自主地追随他们，并深刻感受到精神的强烈震撼。

　　当我们用最诚挚的心灵和热情追随名人的足迹，就是选择了一个自我提升的最佳途径，并将提升的空间拓展开来。追随意味着发现，发现名人的博大精深，发现时代赋予我们的使命，发现最真实的自我；追随意味着提升，置身于名人精神的荫蔽之下，我们就像藤蔓一般沿着名人硕大粗壮的树干攀援上升，这将极大地缩短我们在黑暗中探索的时间，从而踏上光明的坦途。

不要说这是个崇尚独立思考的年代，如果我们缺乏敬畏精神，那么只能让个性与自由的理念艰难地生长；不要说这是个无法造就伟人的年代，生命价值并不在于平凡或伟大。如果在名人的引领下，读懂平凡世界中属于自己的那本书，就能够成为最好的自己。

　　名人从芸芸众生中脱颖而出，自有许多特别之处。我们追溯名人成长的历程，虽然每位人物的成长背景都各不相同，但或多或少都具有影响他们人生的重要事件，成为他们人生发展的重要契机，并获得人生的成功。

　　名人有成功的契机，但他们并非完全靠幸运和机会。机遇只给有准备的人，这是永远的真理。因此，我们不要抱怨没有幸运和机遇，不要怨天尤人，我们要做好思想准备，开始人生的真正行动。这样，才会获得人生的灵感和成功的契机。

　　我们说的名人当然是指对世界和人类做出突出贡献的伟大人物，他们包括著名的政治家、军事家、发明家、文学家、艺术家、思想家、哲学家、企业家等。滚滚历史长河，阵阵涛声如号，是他们，屹立潮头，掀起时代前进的浪花，浓墨重彩地描绘着人类的文明和无限的未来，不断开创着辉煌的新境界和新梦想，带领我们走向美好的明天。

　　政治家是指那些在长期政治实践中涌现出来的具有一定政治远见和政治才干、掌握权力，并对社会发展起着重大影响作用的领导人物。军事家是指对军事活动实施正确指引或是擅长具体负责军事行动实施的人，一般包括战略军事家和战术军事家。

　　政治家、军事家大多充满了文韬武略，能够运筹帷幄，曾经叱咤风云，纵横天地，创造着世界，书写着历史，不断谱写着人类的辉煌篇章，为人们留下了许多宝贵的精神财富和物质财富。

　　科学发明家是指专门从事科学研究和发明，并做出了杰出贡献的人士。他们从事着探索未知、发现真相、追求真理、改造世界和造福人类的大学问。他们都有献身、求实、严谨和持之以恒的精神，都具有一颗好奇心。从好奇心出发，他们希望探知事物规律，具有希望看到事物本质一面的强烈意识与探索激情。还有就是他们都有恒心，他们在科学研究中不断努力，努力，再努力，锲而不舍，具有永不止步的追求精神。

文学家是指以创作文学作品为自己主要工作的知名人士和学者等。其中，诗人是指诗歌的创作者，小说家指小说创作者，散文家指散文创作者，而文学家则是指在诗歌、小说、散文、戏剧等各种文学体裁领域均取得一定成就的创作者，他们是人类精神财富的创造者。

艺术家是指具有较高审美能力和娴熟创作技巧并从事艺术创作劳动而具有一定成就的艺术工作者。进行艺术作品创作活动的人士，通常指在绘画、表演、雕塑、音乐、书法及舞蹈等艺术领域具有比较高的成就，并具有了一定美学造诣的人。他们是生活中美的发现者和创造者，极大地丰富着我们的生活。

哲学家、思想家是指对客观现实的认识具有独创见解并能自成体系的人士。思想主要是用言语和符号来表达的，而致力于研究思想并且形成思想体系的人就是哲学家、思想家。他们用独到的思想解决生活中遇到的问题，且在此过程中逐渐认识自我与宇宙，以此解决人们思想认识上矛盾迷惑的问题。他们是我们人类灵魂的工程师，塑造着我们的人格，探讨所有人类重要的问题和观念，并创造出一种思考和思想的能力，闪烁着智慧的光芒，照耀着人类前进的步伐，推动着人类思想和精神不断升华，使人类不断摆脱低级状态，不断走向更高境界。人是有思想和精神的高级动物，因此，哲学家和思想家是人类不可或缺的，是我们人类的伟大导师。

企业管理家是最直接创造财富的人。他们创造物质财富，推动社会不断进步，使得人们更加幸福。财富虽然只是一个象征，但它与人们的生活、国家的发展、民族的强盛等息息相关。企业家也创造巨大的精神财富，他们在追求财富过程中所表现出来的创新、冒险、合作、敬业、学习、执著、诚信和服务等精神，是我们每一个人学习的榜样。

我们追踪这些名人成长发展过程中的主要事件，就会发现他们在做好准备进行人生不懈追求的进程中，能够从日常司空见惯的普通小事上，碰撞出思想的火花，化渺小为伟大，化平凡为神奇，从而获得灵感和启发，获得伟大的精神力量，并进行持久的人生追求，去争取获得巨大的成功。

影响名人成长的事件虽然不一样，但他们在一生之中所表现出来的辛勤奋斗和顽强拼搏的精神，则大同小异。正如爱迪生所说："伟大人物最明显的标志，就是他们拥有坚强的意志，不管环境怎样变化，他们的初衷与希望永远不会有丝毫的改变，他们永远会克服一切障碍，达到他们期望的目的。"

爱默生说："所有伟大人物都是从艰苦中脱颖而出的。"因此，伟大人物的成长也具有其平凡性。正如日本著名歌人吉田兼好所说："天下所有伟大人物，起初都是很幼稚且有严重缺点的，但他们遵守规则，重视规律，不自以为是，因此才成为名家并进而获得人们的崇敬。"所以，名人成长也具有其非凡之处，这才是我们应该学习的地方。

英国著名哲学家培根说："用伟大人物的事迹激励青少年，远胜于一切教育。"为此，本套作品荟萃了古今中外各行各业最具有代表性的名人，阅读这些名人的成长故事，探知他们的人生追求，感悟他们的思想力量，会使我们从中受到启迪和教育，让我们更好地把握人生的关键，让我们的人生更加精彩，生命更有意义。

简　介

　　小托马斯·约翰·沃森（Thomas Watson Jr, 1914～1993），美国著名企业家。毕业于布朗大学，后加入美国空军，成为一名飞行员。1956年继承父业，担任国际商用机器公司总裁；1971年辞去总裁职务。在他的苦心经营下，国际商用机器公司成了世界计算机行业中独占鳌头的巨型公司，而且一跃成为世界上第五大工业企业。

　　小托马斯·约翰·沃森，出生于美国俄亥俄州的代顿市。小时候机灵、调皮，富有冒险精神。青年时期小沃森对父亲所经营的公司没什么好印象，1937年，毕业于美国布朗大学后被迫前往国际商用机器公司销售学校，熬了两年坚持到学业结束。小沃森成了正式销售员。

　　他有股倔劲："我不能让国际商用机器公司支配我的生活。"

　　之后，小沃森进入航空领域任职。有一次，他在机场跑道上和父亲发生冲突，父亲最后大声说："你能永远不离开我吗？"第二次世界大战时，1942年小沃森到美国空军服役，暂时逃脱了父亲。

　　他1946年退役后作为推销员进入国际商用机器公司，1952年担任国际商用机器公司总裁。1956年老沃森去世后，小托马斯·约翰·沃森接替了父亲的职务，使国际商用机器公司继续迅猛发展，1965年跻身全美十大企业，并成为世界上最大的计算机公司。

1971年因病辞去董事长职务。后来成为美国驻苏联大使，直至1980年。

1993年12月31日，小沃森因中风并发症去世，享年79岁。

在60年的岁月里，老沃森和儿子小沃森共同打造了国际商用机器公司这个国际性大公司的品牌。

小沃森不仅继承了父亲的事业，而且还富有远见地实现了国际商用机器公司的历史性转舵：从机械时代转入电子时代，并把父亲去世时收入已达4亿美元的国际商用机器公司发展到了收入为75亿美元的计算机行业翘楚。

小沃森建立了国际商用机器公司独特的企业文化，这些来自于他管理的真知灼见，使他成为美国最具领袖魅力的老板之一。他大胆决策，帮助国际商用机器公司抢得进入数字经济的领先位置，把国际商用机器公司建设为世界上规模最大的计算机公司。有人恰如其分地形容小沃森说："他用左手接过父亲思想中的重要主题，右手却成为迎接人类计算机产业春天的第一只幸运之手。"

目　录

生在普通家庭中

1914 年冬。美国俄亥俄州代顿市。寒风呼啸，人们大都猫在家里，但是 40 岁的托马斯·沃森却不行，因为他现在心里正烧着一团火。他从火车站一下车，就匆匆地往家赶。

托马斯是一家苏格兰和爱尔兰混血移民的唯一的儿子。父亲在纽约州过着清贫的生活，靠伐木和种地谋生。

19 世纪 80 年代，当托马斯还是个孩子时，纽约州还很原始。父母带着托马斯和 4 个姐姐，全家住在漆邮镇附近一座没有自来水的小木屋里。他最早的工作是于 17 岁时赶着马车到一些农户家销售钢琴、风琴和缝纫机。销售成了他踏入社会的敲门砖。

托马斯精明、机敏，风度翩翩，谈吐含蓄，富有魅力。他的第一个老板叫布朗森，搞五金生意。他借给托马斯一辆马车，一个星期付 12 块钱。托马斯认为这是一个不少的数目，比漆邮镇银行的出纳员拿的钱都多。

直至有一天，一位风琴公司的推销员问他："你干得真不错。你拿多少钱?"

当托马斯自豪地告诉他之后，他说："你被人家耍了！"

他告诉托马斯，推销员通常拿的是佣金，而不是工资。如果按佣金算的话，布朗森每星期应付给他 65 美元。

第二天，托马斯辞去了工作。从那以后，他总是争取按佣金取酬，保证拿到他该拿到的报酬。

托马斯见的世面越大，进取心就越大。他并没忘记，小时候站在泥泞的路旁，看着科宁玻璃公司的创办人小霍顿先生的马车疾驶而过，心里就幻想将来自己也会有一辆。在他闯过了几道关口转行销售现金出纳机时，他看到了发财的更大机会。

当时，一位芝加哥的律师把托马斯邀请到他位于密歇根湖畔的一座豪华住宅。这位律师告诉托马斯说："我也是农家孩子出身。"那时托马斯才 19 岁，他去布法罗城找工作，向农户出售缝纫机。

有时，托马斯不得不住在杂货店地下室的海绵堆上。他只有一件西服。当他有钱洗熨衣服时，他得穿着内衣在裁缝店后边等着，直至衣服被熨好。

布法罗城里第一个赏识托马斯的才干的，是一个名叫巴伦的推销员。他雇托马斯做他的助手。但不幸的是，巴伦是一个外表华丽的城市油子。他在伊利湖沿岸城乡兜售北纽约州建筑公司和贷款协会的股票。每当巴伦来到一个城市，他都要在当地旅馆里租一套最好的房间，然后对领班说："我是巴伦。吃饭期间我需要侍者呼喊我三次。我自有我的理由，你不必过问。这里是给你的两块钱。"

消息很快就会传开：城里来了一位重要的陌生人，出售建筑公司和贷款协会的股票。股票本身是合法的，买者以分期付款的方式购买股票，如同储蓄计划一样。巴伦以第一笔付款作为他的佣金，使他生活得相当阔绰。

但是一年以后，一切都破灭了。在一次外出销售旅途中，一天早晨托马斯醒来时，发现巴伦不见了。他带走了他们所有的钱。这个突如其来的变故给托马斯打击不小。

　　但是，托马斯有能力从挫折中站起来。从他的乐观主义经验中产生了"把事做成"、"永远向上"、"拿出你最好的劲头来"等信条。他知道怎样发现别人察觉不到的机会。

　　现金出纳公司是美国最著名的公司之一，老板叫约翰·亨利·帕特森，他是出身于代顿市的一位大亨。不久，托马斯就成为了此公司的重要推销员。

　　帕特森的天才是把一些像托马斯一样质朴的、文化教育程度不高但又野心勃勃的商界游荡者挑选出来，把他们训练成美国第一流的推销人才。他让他的推销员们学习和使用一套标准的推销术，利用开会和竞争等方法来刺激和调动他们的积极性，使他们的销售额惊人地高。他的一个发明是，把整个销售领域分成数个独立的王国，这样，推销员们用不着担心同事会来抢他的生意。

　　由于现金公司实际上已垄断了出纳机市场，所以这种区域的划分就显得更有意义。帕特森给推销员的报酬很优厚，一星期 100 美元，这对于一个只有几年工作经历的人来说，是不寻常的。

　　在此之前，推销是一份下贱的工作，但在帕特森的管理下，它几乎变成了一项职业。

　　托马斯凭自己的努力，在公司里的地位不断升高，到 16 年之后他认识珍妮特·基特里奇时，他已是现金出纳公司的第二把手。

　　托马斯身材修长、仪表英俊、穿着考究，因此，在代顿城里，他是一个条件最佳的单身汉。人们经常看到他开着一辆帕特森送给他的漂亮轿车四处兜风。他已经积累了足够的钱。当父亲患糖尿病去世时，他自然而然地成了家中的头，担当起抚养母亲和姐姐的任务。他把她们安置在纽约罗切斯特一座石砌的大房子里。

在托马斯认识珍妮特之前，他曾有过一个在费城当歌剧演员的女朋友。但他想要一个生活里真实的伙伴，于是，他等待着，直至发现一位既聪明又有社会地位的女士。

珍妮特家在代顿城颇有名望。她的父亲是巴尼和史密斯铁路车厢公司的总经理。这个公司制作铁路客车车厢。

珍妮特第一次注意到托马斯，是在一个乡间俱乐部的晚餐上。当她环顾餐桌时，发现除了自己外，托马斯是唯一没动酒杯的人。她的父亲是一个严格的禁酒主义的长老会教徒，她知道她挑选的伴侣必须经过他的同意。因此，她当时立刻想到："这就是我要和他结婚的人。"她的父亲同意了这桩婚事。

帕特森更是高兴。他总是希望他的雇员在代顿社区能取得更高的地位。当托马斯和珍妮特去西海岸观光度蜜月回来后，帕特森出人意外地送给他们一把房门钥匙，这座新房就在帕特森家旁边。

托马斯多年的理想似乎实现了。当年春天，意外之喜降临了，珍妮特怀孕了，年近40岁的托马斯每天都生活在喜悦之中："我冬天就要当爸爸了！"

果然不出托马斯所料，他的邻居一遇到他就为他报喜，他所渴望的得到了回报——中年得子，他的妻子珍妮特为他生下了一个可爱的男孩。

托马斯一进家门，就欣喜地听到了婴儿的哭声。他放下公文包，奔进卧室，立刻就看到了妻子旁边襁褓中有一个小脑袋在不安地晃动。

托马斯三步并作两步跨到床边。珍妮特疲惫但带着幸福地对他说："托马斯，快来看看你的大儿子吧！"

夫妻两个一起注视着这个粉红色的小生灵。奇怪的是，小家伙一看到托马斯，立刻就停止了哭闹，睁着大大的眼睛盯着父亲，好奇地打量着自己的"母版"。

托马斯咧开大嘴笑了，并在儿子的脸上亲个没够。

珍妮特看着丈夫多年未流露出的孩子气，心里充满了做母亲的自豪。她轻声说："托马斯，你看儿子长得多像你啊！我看他长大了一定能跟你一样成为一个出色的男子汉！"

托马斯只是连声答应着："是啊，是啊！那当然……"

珍妮特接着说："那你给我们的宝贝起个名字吧！"

托马斯听了一愣："名字？是啊，是啊，当然要有个名字。"但他的心思明显还没往这上面想呢。

珍妮特又好气又好笑："你老'是啊，是啊'什么？什么叫'当然'？莫不是叫'是啊·当然'？"

托马斯恢复了平静："嗯，你刚才说他像我？"

珍妮特说："那当然了！哈哈，你看我受了你的感染，也说起'当然'来了。不过你自己看，他就活脱脱是你的翻版呢！"

托马斯眼睛突然一亮："那好吧，还是用我的名字'托马斯·约翰·沃森'，不过在前面加一个'小'字就行了！就称呼他'小沃森'好了。"

珍妮特笑着说："那还不如干脆叫'沃森二世'！"

托马斯却不以为然："没错，就按我说的，就叫'托马斯·约翰·小沃森'。就这么定了。"他的语气不容置疑。

珍妮特赌气说道："那以后就叫你老托马斯好了。"果然，人们都开始称呼托马斯为老托马斯了。

在外人看来，老托马斯现在正是平步青云的时候，人们看着他作为大名鼎鼎的现金出纳公司的二把手，开着帕特森奖励给他的漂亮轿车在大街上风驰电掣，威风八面。

但在老托马斯心里，其实他心中的苦闷只有他自己知道。所谓"木秀于林，风必摧之"，中国还有句古话叫"功高震主"。老托马斯的人气上升得很快，帕特森感觉到了不可遏制的威胁，于是他开始暗中防范老托马斯，有些事情也不通过老托马斯的同意。

帕特森是一个专断、反常、怪僻的老板。他以威严和恐吓来管理员工。在一次时间较长的销售会议上，他认为有些人没有集中精力，就顺手抄起一把消防斧将一台现金出纳机当场砍得稀烂。他所中意的经理可以得到优厚的报酬，对于那些不讨他喜欢的人，他惩罚的手段简直近乎残酷。这也使帕特森远近闻名。

帕特森总是解雇他最好的雇员。他几乎拥有全部的公司股票，却不合情理地担心某个雇员会将公司夺走。

有一个副总裁在帕特森那儿说了坏话。他说老托马斯拉帮结伙，扶植亲信。

1913年的一天，老托马斯正在销售会议上讲话，帕特森来了。他径直走上讲台，打断老托马斯的发言，将在座的其他人褒奖一番，完全不理睬老托马斯。

老托马斯的自尊受到极大的伤害。因为他正是在帕特森的调教下一步步走到高级管理者的位置上的，从内心里他十分尊重帕特森，一直将他当作自己的老师，更别说要与他争权夺利了。

这种场景不止发生过一次，每次都让老托马斯尴尬万分，他感到，不想在这样的环境中待下去了。

老托马斯毕竟还是喜爱这份工作的，所以他犹豫了很久。但帕特森的蛮横和独断使他越来越难以忍受，于是他终于跟妻子商量说："珍妮特，我想和你商量一下。"

珍妮特见老托马斯脸色十分郑重，就放下小沃森，问道："什么事？"

老托马斯咬了咬嘴唇，然后说："我觉得，跟帕特森越来越难相处了，他处处跟我为难。我想离开公司，只是……"

珍妮特明白了："只是你觉得要重新开始，会让我和孩子受苦是吗？"

老托马斯痛苦地说："是啊，孩子才这么小，会让你们受委屈的。所以我心里忐忑不安。"

珍妮特通情达理地说："放心吧，亲爱的！不管你做出什么决定，我都永远支持你。"

老托马斯感激地望着妻子："亲爱的，谢谢你的善解人意！"

珍妮特又问："那，亲爱的，你想好了去哪里重新开始创业吗？"

老托马斯说："这几天我都考虑过了，我们就去纽约，我希望能在那里找到用武之地。"

珍妮特说："我知道你是对的，就去做吧！"

随后，老托马斯就向帕特森提交了辞呈，帕特森心中大喜，但面带惋惜地很痛快地就批准了老托马斯的辞职。

走出自己工作了 18 年的现金出纳公司，老托马斯回头看着公司大门，感慨万千："我已经年近不惑了，而且刚刚有了自己的儿子了，却不得不从头再来了！"

淘气顽皮的童年

1914 年冬，老托马斯带着妻子珍妮特、刚出生的儿子小沃森来到纽约，在一个距纽约 20 英里名叫肖特黑尔的镇子里安下家来。

老托马斯此时已经是商界的成熟人士了，肯定会挑选一个高级的职位。老托马斯找工作有一种挑剔性。他很自信能找到工作，因为他几乎能推销所有的产品，是一个颇有声望的推销员。他很快拒绝了电气船舶公司的邀请，因为这家公司为海军制造潜艇。

老托马斯还拒绝了雷明顿武器公司的招聘。由于第一次世界大战已在欧洲爆发，这两家公司的生意一定很兴隆，但老托马斯想，一旦战争结束他们就没生意可做了。

老托马斯也放弃了道奇汽车公司的机会，因为道奇兄弟不同意他提出的要求。他要求按股份分红，而不是做一个领工资的被雇经理。但是，老托马斯没有资本去买一个自己拥有的公司，也没有经商赚钱的好主意。

两个月后，老托马斯遇上了查尔斯·弗林特。在那些日子里，弗林特是华尔街最红火的金融家。人们管他叫"信托大王"。他是个小个子，一脸络腮胡和山羊须。在创办美国橡胶公司的过程中，他起过决定性的作用。他投资于汽车和飞机工业，在军火买卖中赚过大钱也折过本。在 1904 年的日俄战争中，他是沙皇的军火代理商。

弗林特聘用老托马斯做计算制表记录公司的经理。此公司是他于 1911 年组建起来的，所出的产品有天平、磅秤、计时钟和制表机等。无奈弗林特经营不善，让公司欠了一屁股债，几乎濒临倒闭。1200 名职工忧心忡忡，士气低落，连董事会也在谈论清算问题。

作为董事会成员的弗林特决定引进一位新经理来挽救危局，或者至少减轻一点股东们的损失。

老托马斯之所以对计算制表记录公司感兴趣，是因为它的产品与办公室的职员们有关，特别是计时钟和制表机。一位名叫霍勒雷司的工程师曾经发明过一种制表机，帮助政府处理过 1890 年的普查结果。

至 20 世纪初，一些初级的霍勒雷司制表机已被铁路和保险公司的会计部门所使用。老托马斯看出这种产品大有改进的余地，并设想出它广阔的商业前景。美国的工业正在以前所未有的规模发展，如果大公司们都陷入繁重的文书工作，他们一定要寻找办公自动化的工具。

当弗林特雇用他时，他对弗林特说："我需要一份绅士的薪水才能养活全家，并且我需要获得股东分红之后盈余利润的一定百分比。"

弗林特立即心领神会，说："我明白，你想得到你应该得的报酬。"后来，弗林特将这种安排告诉其他董事，他们都不以为然。

因为公司看来很难能有剩余的利润。

老托马斯在计算制表记录公司所采取的第一个步骤，是向此公司最大的债权人担保信托银行借贷50000美元，作为开发研究新产品的经费。当银行指出公司已欠债400万美元已没有资格再要求贷款时，老托马斯回答说："负债表只说明过去，这笔贷款是为了未来。"

担保信托银行同意了。其结果，制表机得到改进，并极大地开拓了它的市场。由于老托马斯是从底层摸爬滚打出来的，所以他深知：如果要想获得下属的忠诚，必须首先尊重他们。

老托马斯运用了一些帕特森的技巧来激励鼓舞公司员工低落的士气，他创造公司的口号和歌曲，创办了一张公司小报和学校。所有这些都是对现金出纳机公司的模仿，但老托马斯只模仿帕特森好的经商之道，不好的就抛弃。

在纪律要求方面，他对计算制表记录公司如同现金出纳机公司一样严格，但在管理哲学方面要有人情味得多。他告诉大家，他需要他们，他的任务就是改变公司的困境。在老托马斯的努力下，公司终于起死回生并取得了很大发展。

当时，他们一家住在一个很时髦的小社区里，主要居民都是和老托马斯一样在城里工作的人。肖特黑尔镇有一个火车站，一座有主教的教堂、一所私立学校和一所公立学校，以及一片宽敞高大、每座占地都有四五英亩的房子。

老托马斯一家那座三角形的房子坐落在一座小山包上，房子的屋顶都是用石板做成的。在房子后边，有一个鸡舍、一个很大的菜园和一个马厩。附近还有两个池塘，那可是小沃森的乐园，他天天在那里与小伙伴们一块儿玩耍。

离村镇不远，有些人就靠在沼泽地里设置捕兽陷阱谋生。池塘周围根本没人住，只有一座储冰用的大木头房子。冬天，一些马拉的雪橇在这里拉冰。

1919年2月里一个寒冷的夜晚，老托马斯在火炉里塞满木头点燃火炉之后，听到小沃森在楼上哭。那时小沃森才5岁。于是老托马斯就上楼来哄儿子。刚上到楼梯，小沃森就喊："爸爸，我看见我的房间有奇怪的光。"

火苗已经窜到窗外，原因是烟囱里的火星烧着了木板的房顶。大火烧毁了整座房子，烧掉了珍妮特从代顿带来的全部陪嫁物品，但她从没有抱怨过丈夫。

小沃森虽然用了父亲同样的名字，但他可一点也不像父亲那样规矩老实。他调皮捣蛋，搞恶作剧，到处惹是生非，当时村镇有句俗话："找小沃森吗？听听哪里出了乱子，他准在那里！"因此小小年纪就混出了一个诨号"可怕的汤姆·沃森"。

所有人都知道小沃森的恶名，所以那些希望孩子长大了有出息的家长都一再告诫自己的孩子："离小沃森远一点，免得被他带坏了！"

小沃森当然也得为自己闯下的一个个大大小小的祸付出代价，那就是他经常可以听到脾气暴躁的父亲的巴掌击打在自己屁股或者什么地方的声音。

珍妮特虽然也生小沃森的气，但她怕老托马斯下手太重把孩子打坏了，于是就建议由她来执行对小沃森的惩罚。一般来说，小沃森受罚的"刑堂"是在二楼的那间大浴室里，珍妮特就像个法官，手持鞭子，严厉地说："过来！"

小沃森就会"懂事"地自觉手扶着毛巾架，然后如一日三餐般饱尝一顿丰盛的"鞭餐"。老托马斯现在已经上升为"监刑"的位置了，坐在一边监督着小沃森受罚。这成了小沃森家的日常功课。

小沃森 10 岁的时候，有一次，他和一个叫乔的朋友在附近的街区逛荡着玩，无意中发现有一栋正在修缮的房子大门敞着，屋子里放着一些油漆罐、刷子和松节油。两个孩子先在这栋无人的大房间里捉迷藏，拿着木条对打，上跳下蹿，玩得不亦乐乎。

不过一会儿两个人就玩腻了，他们歇下来，乔问："小沃森，我们再弄什么玩好呢？"

小沃森四下瞅了瞅，目光落在了那些油漆罐上，笑了。

乔顺着小沃森的神情，也心领神会。

然后，他们拿了两罐油漆出来，小沃森先用刷子蘸了一点油漆，在墙上一抹："哇，棒极了，我们就比赛画画吧！"

于是，两个小家伙一路沿着大街画下去，画狗，画猫，画房子……直至在街上把油漆用完为止。

有一个街坊看到了，马上去找珍妮特告状："沃森太太，你快去看看吧，你儿子又在闯祸，他把几条街都弄得不像样子了！"

珍妮特急匆匆地赶到街上，顺着"连环画"一路找，最后，正看到小沃森和乔站在尽头欣赏他们的"杰作"呢。

珍妮特火冒三丈："小混蛋！住手，这是怎么一回事？"

小沃森坦白说："油漆是我们偷来的。"

珍妮特以前曾经为偷东西的事教训过儿子多次了，但没起什么作用。这一次，她意识到，再不对小沃森采取更加严厉的措施，那将来就没办法管了。于是，她把两个惹祸精带到了警察局，并顺路买了两罐油漆还回原处，又从路边雇了两个工人，让他们用汽油将墙上那些"作品"都尽可能地清洗干净。

来到警察局，警长和珍妮特打了招呼，问了一下情况，然后他握着小沃森的手说："很高兴见到你们。我想告诉你们关在这儿的是些什么样的人。他们有杀人犯、抢劫犯，但大部分人是小偷小摸。"

这时，小沃森和乔的眼睛都瞪得大大的。在这个警察局里有一样他们从来没见过的东西：一个有半个电话亭大的矗立在那里的笼子。它的前面可以打开，被关在里边的人要两腿分开跨骑在笼子中的木条上。这一定是给那些有犯罪嫌疑的人使用的。人在里边可以稍稍移动，但绝对别想出来。

小沃森想象着被关在里边的滋味：坐也坐不下，站也站不直。

然后，警长把他们带到后面，关进一间牢房说："一旦你被关进监狱，你就进了一个可怕的地方，大多数人变成了惯犯，以后这就成了他们的生活。"

这次经历给小沃森上了一堂课，在他头脑中留下了不可磨灭的印象，他以后经常梦见无缘无故被抓了起来，并被投进了监狱。从此他下定决心："今后决不再与法律为敌、做违法的事了。"

珍妮特确实是无微不至地照顾着孩子们。她到了 29 岁才结婚，在婚后的 6 年里一连生了 4 个孩子——两个儿子小沃森、迪克，两个女儿简和海伦。尽管小沃森是老大，妈妈也不指望他去照顾弟弟妹妹，因为他没有做个好榜样。小沃森倒落得个自由自在。

老托马斯因此不喜欢小沃森，小沃森也并不感到意外。从很小的时候他就相信自己少了点什么。他总是很难像其他孩子那样做事，从来就不合群。

虽然在警察局上了一课之后，大的错误不会犯了，但小沃森一下很难改掉劣行，小错误还是照犯不误。

那是个阳春三月，雪已经融化了。父母给 10 岁的小沃森买了一双新皮靴。他立刻高高兴兴地跑出屋子，去试一试这双新靴子。没想到刚一出门，就一脚踩进水坑里，水从靴子口灌了进去。

母亲和爸爸坚持认为小沃森这是故意的，于是他又面对着毛巾架挨了一顿打。

第二个冬天，小沃森强烈要求爸爸给他买件皮夹克。当时流行着一种双层前胸、长及大腿的童装。最后，在 11 岁生日那天，老托马斯终于以礼物的形式郑重地赠送了他一件皮夹克。

第二天，在放学回来的路上，孩子们玩起了火。

小沃森曾经从书上读到印第安人如何放烟火信号，于是他就用那件只穿了一天的漂亮皮衣与另一个孩子一起燃火造烟。结果那件皮衣被烧得不像样子，怎么清理也不行。当然，他又没能逃过一顿鞭打。

1921 年，小沃森上一年级的时候，老托马斯给孩子们拍了一个片子。从影片中可以看到，所有的男孩都装扮成大黄蜂，在女孩装扮的花丛中穿来穿去。

小沃森又高又瘦，笨手笨脚，在片子中一眼就能看出来。当其他孩子都整齐地伸展开翅膀时，他却在乱扑打，与大家完全不合拍。

异常活跃的学生

  小沃森和弟弟妹妹都在肖特黑尔镇的国家学校上学。这是一所朴素的砖木结构的学校，离家不远。

  小沃森在上学前已经够让人头疼的了，上学后也没好到哪儿去。小沃森的成绩单上的打分总是 D 和 F，偶尔也有 A 和 B，但是老师们都承认，小沃森在亲手实践方面的学习要比考试效果好得多。

  在肖特黑尔学校里，一个学期只要记的过失不超过 50 个，就不会被开除。小沃森总是要在 30 个以上，有时 40 多个。

  学校每次对过失的惩罚是在星期六围着学校的操场跑步。他有时必须跑上 50 圈，而其他人只跑 10 圈。但这对小沃森而言根本不算什么。也许是从小挨打养成的逆反心理吧，惩罚只能使他更加顽皮。

  在 12 岁那年，有一天，小沃森碰上了克雷格·金斯伯里。他是个流浪汉式的人物，年龄比小沃森大几岁。那天他正要去附近的沼泽地设陷阱，小沃森拉住了他，问他："你是怎么剥松鼠皮的？"

克雷格详细给小沃森讲解了一番，然后得意地说："我还剥过黄鼠狼的皮呢!"

小沃森立即询问道："那些黄鼠狼的臭腺你是怎么处理的?"

克雷格告诉了小沃森："我是把臭腺液挤到瓶子里的，很简单。"

于是，小沃森眼珠一转，坏主意就冒了出来，就从克雷格那里买了一瓶。

在学校全体集合前一刹那，小沃森溜到楼下火炉旁，检查了一下通向各个方向的通风管道。他把一瓶臭腺液都倒进了主管道里，又赶紧跑回楼上，来到集合大厅。

100多个学生都坐在那儿，还有老师和校长兰斯先生。兰斯先生是一个古板严谨、过于讲究道德的训道者。

师生们正在听兰斯先生训话，大厅里开始有股臭味，开始时淡淡的，大家偷偷议论："是谁放屁了?"

小沃森暗暗好笑。

接下来，大家坐的时间越长，臭味越浓。渐渐地人们都坐不住了。

最后，兰斯校长说话了："有谁知道这股恶臭是从哪来的吗?"

一阵长时间的沉默。学校有一个荣誉制度，诚实将受到表扬，主动承认错误会从轻处罚。所以最后，小沃森举起了手。

兰斯先生对小沃森这个"校内名人"还是相当了解的。他马上意识到这不是一次偶然事件。

"沃森!"

"是的，先生。"

“站起来！”

“是的，先生。”

“你知道是怎么回事吗？”

小沃森绘声绘色地把事情的经过说了一遍，并把那只空瓶子拿给大家看。所有人都退避三舍。老师赶快打开了所有的窗户。然后，兰斯先生决定：学校暂时休课。

兰斯气得脸色铁青，但马上想好了眼下的处罚措施：把那只空瓶子挂在小沃森的脖子上。但是，这对他几乎无关痛痒，因为此时他早已习惯了这股臭味。但是兰斯校长接下来的一个步骤却十分有效。当天晚上召开了学校董事会。老托马斯正是董事会的成员之一。

小沃森紧张地看着爸爸。

老托马斯又高又瘦，并不强壮，总是打扮得整整齐齐，仪表堂堂。在小沃森很小的时候，父子俩说笑打闹一块儿玩。在一部保留下来的影片中，他穿着三片式的西装，吹着号角在后院里和孩子们一起游行。当小沃森的姑姑、叔叔和堂兄妹于星期天来家吃晚餐时，老托马斯也喜欢逗乐把气氛热烈起来。

那时，爸爸是小沃森心中最活泼可爱的人。后来，由于某些原因，他的娱乐心逐渐消失了，甚至变得相当严肃、冷漠。失去一个热情欢乐的伙伴使小沃森很难过。

主要的原因是年龄，小沃森出生时爸爸已经 39 岁了。他比一般同伴的父亲要大 10 多岁，这就很难使他们成为好朋友。

小沃森还沉浸在回忆之中……

兰斯先生等人都到齐了后，开始陈述小沃森的罪行。老托马斯气得脸色发青，低着头，恨不得在地上找个缝钻进去。

回到家时，老托马斯已是火冒三丈。他说："小混蛋，你怎么能弄得让学校被迫停课，让弟弟妹妹和其他的诚实的孩子失去学习的机会?!"

当晚，邻居们发现，从沃森家先后跑出两人：小沃森先奔出门去，拼命逃跑；接着老托马斯手拿皮鞭跟在后面，一边追，一边咆哮："老子教训不着你，老天爷也会整治你的！你这个小下流胚！"

得到父亲言传身教

小沃森在人们心中是一个劣迹斑斑的孩子，但这似乎并未影响父亲的声誉，老托马斯在肖特黑尔社区的地位与日俱增。他参加网球俱乐部，出任当地学校和银行的董事会董事。老托马斯可能还是当地唯一的一位每隔两年带着全家去欧洲旅行的人。

另外，老托马斯很快便成为肖特黑尔教堂的重要人物，尽管他早先是一个出身寒微的卫理公会教徒。有些人把他看成是暴发户，见了面把脸转过去，但大多数邻居都对他佩服和赞赏。

在事业上，老托马斯逐渐升任为"计算制表记录"公司的总裁，并在 1924 年将公司改名为国际商用机器公司。

只要他有了一点钱，他就买本公司的股票。他认为这绝对是正确的投资。当时，买股票只需交股票价格 10% 的钱就算买下了此股票。每当股价上涨时，他的股票经纪人就会对他说："汤姆，你应该抛点股票捞点油水了。"

老托马斯听了就不高兴："不，我有我自己的投资战略。"

他从来不会去攒钱或担心钱。他知道，要想在这个世界上出人头地，就必须去加快资金流动，去花钱。当他手头钱紧时，他从不会惊慌，因为对他来说，从来没有挣不到钱的时候。钱在他看来纯粹是个工具。他用钱来展示他的大方慷慨，用钱来养家糊口和经营公司，用钱来使他跻身社会上层。

小沃森对国际商用机器公司的认识始于 5 岁时被父亲带到代顿去参观磅秤厂，车间里那浓烈的烟雾和辛辣的金属味道给他留下了深刻的印象。

小沃森经常被父亲带到公司去，他有时跟着开一些小规模的会，有时就干脆自己到处乱跑。通常，接待员会说："哈哎，小沃森，你想找你爸爸吗?"

父亲的办公室位于大楼的一角，地上铺着东方地毯，还有一张很大的红木桌子。小沃森最喜欢到楼下的机房去玩，他看到那里有好多打孔机。可是他一去大家可就遭殃了，因为他总是给工人们找点麻烦，不时碰翻卡片，把本来有条不紊的工作搞得一塌糊涂。

小沃森最喜欢那些卡片在打孔之后留下的纸屑。办事员们平时把它们堆积起来，卖给造纸厂。不过当百老汇大街上有旗帜飘扬的游行时，办事员们就把这些纸屑从窗户上撒出去。这种机会要是让小沃森碰上了，那可是英雄有了用武之地，他就会在窗口猛撒一通。

虽然小沃森在暗中对爸爸的事业并没有多大好感，但所有做儿子的在某些方面都会认为自己的父亲是世界上最重要的人。小沃森也不例外，总会下意识地拿自己和爸爸作比较，通过比较，他所做的所有的事都让自己自惭形秽。但越是这样，他就越会对父亲产生强烈的逆反心理。

珍妮特虽然小时候生活优越，受过正规教育，却仍然保持着草原牧民般质朴的性格。这在肖特黑尔镇是不多见的。她非常节俭，为了关掉楼下一盏小灯，她不惜跑下两层楼梯。

在小沃森的记忆里，珍妮特是个操劳过度的母亲。她要抚养4个孩子，收拾整理这座三角形的大房子。她要努力保持与佣人们之间的和谐安宁，以女主人的身份招待好老托马斯带回家来的客人。

珍妮特经常纠正丈夫的英语和吃饭时的姿态，提醒他不要轻易动怒、发脾气。她善于循循诱导，方法灵活。

有一天，老托马斯喜气洋洋地回到家里，给妻子一个大钻石戒指，约有两克拉重。这是他买给妻子的第一件昂贵的珠宝饰物，虽然很大，但上边却有点瑕疵。珍妮特却说："我宁肯要一个小一点的也不要有瑕疵的。"

老托马斯感到很尴尬，他收回了钻石戒指。几年后，他真的带回了一枚同样大但没有瑕疵的钻石戒指。

小沃森直至15岁进寄宿学校以前，都生活在妈妈身边，形影不离。她比父亲更容易接近，总是让孩子们感到被保护、被疼爱，一刻都离不开她。

珍妮特也是最了解小沃森的。她认为他的乖僻和恶作剧行为是出于缺乏自尊，所以，她想着法子让小沃森参加各种有趣的活动。

与母亲越亲密，小沃森对爸爸对待妈妈的方式就越难以忍受。这是国际商用机器公司正在吃紧的时候，需要老托马斯投入大量的精力。在他的办公室，他按一下按钮，就会有人进来，他说一声"把信送走"，事情就办了。

当老托马斯不注意的时候，他会习惯地用同样的方法对待妻子。她发现她很难适应。所以，家中的关系一度相当紧张，争执频繁不断。尽管他们的卧室门紧闭着，但小沃森和弟弟妹妹也能听到他们克制的愤怒的声音忽高忽低地传来。

老托马斯虽然有时对妻子很粗暴，但半个小时之后，他却训导孩子们应该怎样尊重妈妈。小沃森一直想问他："那么你怎么不呢？"

这10多年来，天生个性极强的小沃森对于父亲给他安排的一切都非常反感，他认为这种包办极大地伤害了他的自尊心。

当全家外出旅游时，大家相处得似乎更好些。同行的有时是亲戚朋友，有时是老托马斯的同事。大家一起去华盛顿，去海滨，去参观展览会。经常开着两三辆大轿车，上面满载亲戚朋友或者国际商用机器公司分部的经理们。几代人凑在一起就像个原始部落。

每到周末，一家人驱车前往老托马斯买下的奥德维克农场。夏天，他们会去爬波科诺山或者去缅因州，老托马斯会于周末赶去和他们会合。在路上，珍妮特比在家里自由得多，所以她喜欢旅行。

小沃森喜欢到妈妈的家乡代顿去玩。因为那里是飞机的发明者莱特兄弟居住的地方，也是一个军用机场所在地。在那里，飞机如同汽车一样普通。

老托马斯对飞机有点畏惧。这是因为有一个星期六，他带领全家去参观一个城乡贸易会。当他们路过一片空地时，看到了一架从第一次世界大战中退役的詹尼飞机，有人正在用它招徕顾客，乘一次5美元。

老托马斯在代顿住过好长时间，甚至还见过莱特兄弟，所以，他立即就买了票，排队等待上飞机。但就在此时，小沃森他们几个孩子闹着要吃冰激凌，老托马斯只好带他们去买冰激凌。等半个小时他们回来后，飞机已经失事坠毁了，飞机上有3个人丧生。

迷信的老托马斯把那次事故看成是上帝不让他乘飞机的预兆，因此在以后的旅行中他总是坐火车，而从不坐飞机。

老托马斯到欧洲出差总是带着家人们。小沃森在童年有过5次长途旅行。

1924年，小沃森10岁时，老托马斯带小沃森去巴黎的勒布尔盖特机场。那里有好几千人在参观飞机展览。飞机发动机的轰鸣声，使小沃森越来越兴奋。

有一种改装的法国轰炸机向参观者售票，小沃森软磨硬泡，请求爸妈让他和一对搭乘的青年夫妇一起上天兜一圈。爸妈终于同意了。

飞机引擎大约有400马力。飞机一启动，小沃森就被巨大的噪音和剧烈的颤动所吞噬了。他的内心产生了极大的震撼，这恰恰契合了他对于新奇事物的追求和那种张扬的个性。

飞机是在草地上起飞，所以轮胎与地面的碰撞相当厉害。但突然间，除了声音一切震动都消失了。飞机离开了地面，平稳得让人感到吃惊。从此，小沃森从内心里爱上了飞行。不过，小沃森并没有把这一次当作是真正的飞行，他想要的是一次真正的飞行旅行。

1927年，小沃森13岁的时候，他终于如愿以偿，这次可是真飞。当他在瑞士巴塞尔一家旅馆的前厅逛游时，在柜台边看到了一张飞机时刻表，上边标明有一趟16时飞往巴黎的飞机。

当时，一家人正与曼根夫人在附近吃午饭，小沃森跑去向他们报告这个消息。还没等老托马斯说出反对的意见，曼根夫人大叫道："啊，太棒了！我和你一块儿走！"

老托马斯出于礼貌，就给他俩买了机票去乘飞机，其他的家人乘坐晚上的火车。巴塞尔到巴黎有250多英里，飞机飞了将近4个小时，到巴黎后，小沃森还有足够的时间来自由支配，于是，他就安排自己去电影院看了一场电影。这场电影的名字叫《爵士歌手》，它是历史上第一部有声电影。

在紧张而奇妙的一天里，小沃森成为沃森家族第一个乘飞机、第一个看有声电影的人。

尽管小沃森的成长让父母很操心恼火，但老托马斯还是在内心里希望儿子能够继承自己的事业，虽然他嘴上从来没有对小沃森说过"我确实希望你能继承我的事业"。

小沃森总感觉爸爸是想让自己接他的班，父亲总是尽量把他带在身边，培养儿子对国际商用机器公司的感情，使小沃森能够更多地贴近公司。并且父亲也尽量在与儿子相处时，多教他一些做人的道理。

当他们一起旅行时，老托马斯会利用一切机会言传身教："你看，这是梯子，可以用来爬到上铺去。要拉上窗帘保护自己的隐私。"

当时火车上的公共洗手间里，大家都是坐在一条长凳上排队使用。这时老托马斯又高谈阔论："汤姆，这是一个公用的盥洗室，每个使用者都要小心，因为在你后面的人会通过你用后的样子来评判你的人品和修养。现在让我来教你怎样做。我拿一条毛巾，用水打湿了它，先把池子擦一遍，把池子里的胡子茬、肥皂沫、牙膏沫擦洗干净，再把池子边溅上的水擦掉，然后把毛巾扔到这个桶里。现在我开始洗刷。"

开始，小沃森总是听得心不在焉，但时间长了，他也养成了这些良好的习惯。

老托马斯给侍者小费一般都很大方，小沃森就好奇地问："爸爸，你为什么给包厢服务员那么多小费呢？"

老托马斯借机传授处世之道："孩子，我给他小费有两点原因。其一，因为他很辛苦，一晚上都缩在狭小的房间里，这是很难受的，我很同情他。其二，这是重要的一条，我们出门会接触到包厢招待员、服务员和司机，他们的职业使他们得以接近你、了解你，如果你不注意，就很容易败坏你的名声，这对公司是非常重要的。"

小沃森说："公司，你老跟我说公司干什么？"

老托马斯说："你将来终有一天会成为公司里的一个重要的人物，所以要早些学会这些。"

小沃森却不这么想。12岁那年，有一天放学后，他坐在路边思索父亲的用心。当回到家时，他已经泪流满面。

珍妮特看到了，担心地问："怎么啦？"

小沃森说："我不能进国际商用机器公司工作。"

珍妮特奇怪地说："没人叫你去呀！"

小沃森委屈地抽泣着说："但爸爸叫我去。我确实干不了。"

珍妮特用手搂着小沃森："别担心了。"

当老托马斯回来后，珍妮特把这件事告诉了他。

老托马斯走到儿子的房间，温和地摸着他的头说："孩子，我父亲曾经让我成为一个律师，但我应当干我最喜欢的事。你不要这么想了，你有权利按照自己的意愿选择自己喜欢的职业，爸爸不会强迫你的。"

小沃森长得很快，13岁的时候就长成了大人的个头。1927年，老托马斯与儿子照了一张合影：他们并肩而立，几乎一样高。他们的服装也完全一样，深色笔挺的西装和大衣，戴着圆礼帽。那是他们正在去亚特兰大城参加一个销售会议。才13岁的小沃森穿买卖人的衣服似乎还太年轻。不过从这张合影上可以看出老托马斯的用意。

有一次，老托马斯决定把儿子引见给查勒斯·林得伯格，因为老托马斯知道儿子喜欢飞行。这是在1927年林得伯格完成横跨大西洋飞行之后不久的事。

老托马斯买了一张出席庆贺宴会的票。他带着小沃森径直走到主座前，先将他自己这位国际商用机器公司的总裁介绍了一下，然后介绍小沃森。如此，措手不及的小沃森总算结结巴巴地说了一句"祝贺你"。

这些旅行，每一次都似乎是父子之间温馨而亲密的友谊的开始。但一回到家里，老托马斯总是又和儿子疏远了，或许他确实太忙。

当老托马斯没空陪小沃森时，他会找个手下人和小沃森玩，通常是他的私人秘书菲利浦斯。

菲利浦斯是个很完美的人。他在1918年就在老托马斯手下工作，后来他取得了老托马斯的完全信任。

老托马斯经常让菲利浦斯带小沃森出去观光，去看自由女神像，去逛弗朗西斯大酒店和布鲁克林大桥。当小沃森刚刚长大一点，菲利浦斯教他怎样射击。打猎可能是菲利浦斯唯一的户外活动，他经常带着小沃森一起去打猎。

在大多数的时间里，老托马斯总是夸奖儿子，告诉小沃森："你将来能成为一个伟大的人。"

但在小沃森十三四岁时，他患上了一种很严重的再发性的沮丧症。第一次出现这种症状是在一次患哮喘病期间。正在他刚刚感到好一点时，所有的意志力似乎突然消失了。他不想起床，不想吃饭，也不想洗澡。

有一天早上，小沃森到了早饭的时间仍然没有起床。于是珍妮特来到了他的房间问："孩子，你怎么了？"

小沃森简直连话也不想说，他艰难地喘息着，忽然说："我难受！"

珍妮特想把小沃森扶起来，但他就像没有骨头一样，软软的一点力气也没有。当时全家人都吓坏了，老托马斯赶紧请了医生来。但是，小沃森却像是失去了理智一般，两眼呆滞，说话也是一个词一个词往外蹦。

没有一个医生知道他犯的是什么病。请来的一位最好的医生说，他确信这种病与青少年有关，但他也开不出什么好的药方来。直至一个多月后，小沃森才恢复过来。但是，6个月后，同样的现象又发生了。接下去的6年里，至小沃森19岁上大学后，每年都要严重地犯两次病。

小沃森自己描述说："患病时感到全身无力，头脑无法思维，一种恐惧感攫住你全身，整个思维过程颠三倒四，一切东西看起来都是不真实的。"

这段时期，是一家人很难过的时期。特别是弟弟迪克，他很尊敬哥哥，当小沃森突然变得不能自助时，他感到很困惑。

有一次，兄弟俩去加拿大新斯科舍夏令营，小沃森突然犯病了，浑身的机能失常，参加一点夏令营活动就要赶快回床躺着。迪克那年才 9 岁，他感到如此的孤独和绝望，害怕极了，一直守在哥哥身边，不敢离开。

小沃森感觉自己可能要马上死掉了。最后，他把迪克叫到身边，告诉他："别离开我，帮助我。如果我死了，一定告诉爸妈这不是他们的错。"

进入中学爱好物理

小沃森在上学的时候，由于动手能力极强，物理成绩简直好得让人无法理解。

在小沃森还没上中学时，老托马斯就怕他到了中学再惹麻烦，所以决定让他在离家不远的学校就读。小沃森的同学们都到远处的寄宿学校去了，可爸爸坚持让他进离家只有12英里的卡特雷特学校读书。

有两年的时间，小沃森就是在这个他眼中又破又小又旧、冷僻孤独的地方度过的。他每天乘火车去卡特雷特，有时和父亲坐一班车，晚上再坐另一趟火车回来。他一直沉默寡言，几乎不与人说话。

小沃森刚进卡特雷特学校不久，就和另一个孩子合伙从同学那里秘密地买了一辆汽车。他们俩都不到开车的年龄，不知道怎样才能搞到驾驶执照。

有一天，两个人正在肖特黑尔镇开车玩，老托马斯突然回来了，正好碰到了他们。小沃森看到爸爸朝他们走来，便企图穿过邻居家的场院掉头躲开，但却被老托马斯抢先一步拦住了。

老托马斯先是饶有兴致地围着车转了一圈，然后说："这车很有趣，过去这种车光给我惹麻烦，但是很有意思。这是你们的车吗？"

小沃森的同学结结巴巴地说："不，不完全是，沃森先生。"但最后他们还是承认了。

老托马斯又接着问："你们把它放在哪呢？"

那个同学说："我们放在卡特雷特学校的后院里。"

老托马斯点点头，然后说："如果我是你们，我会把它放回去并且卖掉，或者扔掉。这种车会给你们惹麻烦的。"

几天之后，小沃森就把车卖掉了。

在父母的眼皮底下读了两年之后，小沃森转到了莫恩斯的一所中学，最后转到了哈恩中学。因为老托马斯考虑到哈恩中学与普林斯顿大学有着非常密切的关系，这是为了将来让小沃森到那所大学做好铺垫。

到了哈恩中学之后，小沃森才重新有了"如鱼得水"的感觉。

因为在学习上成绩不好，除了 D 就是 F，所以小沃森渴望能在其他的方面得到承认。他积极地去参加各种体育活动，但由于小沃森比同龄的孩子又高又瘦，并不适合从事体育活动。而且他的眼与手患有极端的不协调症，所以他讨厌垒球。

小沃森觉得在曲棍球比赛中，阻挡来自各个方向的射门是一件有刺激性的事，于是他又试着去当曲棍球的守门员，但他却始终进不了甲级队。

在足球队里，他也被很快地排到替补队员的行列里。

小沃森自身存在的种种困难导致了父亲对他有更多的温暖和关

怀。他从不放弃儿子，并不断地对小沃森说：“童年时期往往不是人生最欢乐的阶段，你必须尽量地向前看。不管发生了什么，这是一个重大的转变时期，没有人在经历这个阶段时不存在问题。所以，没有必要去担心什么。”

有时，老托马斯会在儿子获得低分时安慰说：“我希望你在学校里能表现得更好。”但小沃森心里却并不以为然。

哈恩中学充满了花花公子。他们口袋里揣着酒瓶，身穿熊皮大衣，胳膊上挎着小妞，开着高级轿车在大街上风驰电掣。这是一种适合小沃森的生活方式。学习在这里并不十分重要，重要的是你是否比别人有钱，是否总是和女孩子一起外出，是否有汽车。

小沃森的车是一辆最时髦的红黑两色的克莱斯勒，是过 17 岁生日时得到的。

禁酒令当时仍然实行，但那些非法的地下酒店并不管前来饮酒者的年龄大小。出于好奇，小沃森有一次抽了一种名叫缩帆者的含有大麻的雪茄。他听人们说，黑人乐队的乐手们之所以能演奏奇妙的音乐，主要是因为他们抽了这种雪茄。说这种烟抽了以后，使人精力充沛，不但可使演奏的时间延长，还能使乐手奏出八分音节而不是四分音节的曲子来。

在哈恩中学，有个名叫莫尔发的风流少年拿了两根雪茄来卖。小沃森和同学汤姆买了下来。

然后，他们把自己锁在房间里，每人抽了一整根。抽完后，刚开始小沃森也没感到有什么不同。小沃森看着汤姆说：“我一点也没有异样的感觉，你呢？”

汤姆说：“我也是。”

但是，药力慢慢上来了，他们开始大笑，抑制不住地笑起来。

他们俩才意识到浑身不正常，像着了魔一样。

小沃森建议说："汤姆，我们出去走走或许会好一些。"

汤姆笑着说："好的。"

于是两个人就来到礼堂里。小沃森感觉自己那么高，走起路来很难保持平衡，还一头撞到墙上，他们害怕极了。怎么能搞成这个样子？于是就决定回去睡觉，睡眠或许可以使药性消失。所幸的是，小沃森并不喜欢那种雪茄的味道，否则后果真是不堪设想。

虽然小沃森在哈恩学校的表现并不比在先前的两个学校更突出，但他在有个领域里取得了一生中的第一个进展。

刚到学校那天，有个同学告诉他："嗨！我们学校有一支划艇队，在普林斯顿大学的划船屋里进行训练。你愿意参加吗？"

到普林斯顿大学去划船对小沃森充满了吸引力，因为他从小就喜欢玩水。所以他马上就去报了名，不久，他就成为了一名优秀的划艇队员。

在一个集体中，划船动作非常简单，所需要的只是用腿使劲蹬和用胳膊使劲拉，而小沃森的腿部和双臂的力量特别强。他对这项运动着了迷，刻苦地训练了一年。在队里最后的那一年，全队成绩非常好，并取得了参加在英国亨利举行的国际划艇比赛的资格。

小沃森终于在正当事情上有了值得炫耀的资本，所以他就跑去动员父亲为他的划艇队捐款。

老托马斯也为儿子终于"浪子回头"而喜不自禁，毫不犹豫地给划艇队捐助了2000美元，作为全队的旅费。当时，一张三等舱来回票价才100美元，老托马斯拿出这2000美元来可真不是一个小数目。

后来，小沃森参加了一次大学入学考试，各科成绩极不均衡，大部分学科低于升学要求的分数，但是，物理的分数却在整个新泽西州名列前茅。

小沃森极其喜欢物理，老师的讲课也非常生动。例如，在讲滑轮怎样把物体轻松地提起来时，老师用图示给学生们讲解，道理浅显易懂。

当考试结果出来时，这位老师对小沃森说："你真是个怪物，你的其他功课成绩都不好，物理怎么考得这么好？"

小沃森说："具体我也搞不清，可能我只是对机械方面的事情特别容易理解。"

老托马斯为了能让儿子进入大学，四处奔走找朋友和熟人，先是去找哥伦比亚大学教育学教授本杰明·伍德给予帮助。伍德是个奇才，是一个自学成才的得克萨斯人，他是发明美国高校统一标准入学考试的先驱者。他和老托马斯在 20 世纪 20 年代就相互认识。当时伍德急需机器帮他处理成千上万份的考试卷子。

本杰明·伍德给普林斯顿大学校长写了一封颇耐人寻味的信，既有威严又温和豪爽：

> 在思想和性格方面，我毫不犹豫地将他排在初中毕业生的前 1/10 的行列里。我对他高中的成绩不熟悉，但我的结论是：他的卷面分数不足以揭示他实际的大脑能量、天赋智慧和意志的持久力。
>
> 据我的经验来看，不管他的分数如何高或如何低，他都是那种不能用平常的入学考试标准来衡量的人。

老托马斯看了这封信深受感动，他终于从这位奇才的信中找到了一个关于儿子那惨不忍睹的成绩的合理解释。

但这封信却并没有打动普林斯顿大学的校长，于是在小沃森中学时期最后那个春季里，老托马斯只好亲自去见这位校长，为儿子求情。

校长把小沃森从莫里斯城到哈恩的成绩单摆到桌子上，说："沃森先生，请看一下你儿子的成绩吧！他已注定是要失败的。"

但老托马斯这时拿出了他当推销员时那种坚韧精神，他说："我就不相信办不成这事儿！"

有一天上午，老托马斯开了一辆大旅行车来到门前。

小沃森好奇地问："爸爸，你开车干什么呀？"

老托马斯答道："走，咱俩开车出去转转，到几所大学看看。我们肯定能找到愿意接受你的学校。"

父亲当时的这种果敢的精神头感染了小沃森，也让他心里更有了信心。

当时，小沃森喜欢上了一位来自缅因州的姑娘，因此，他不想到距卡姆登很远的地方上学。于是，他想起了一位在罗得岛布朗大学的朋友，他对父亲说："为什么我们不去布朗大学？"

于是，父子俩开车来到普罗维登斯，住进了巴尔底摩旅馆，然后老托马斯打电话给布朗大学的招生办公室。

这样，小沃森总算如愿以偿地进入了大学。

在大学逐渐变得成熟

1933 年，小沃森进入布朗大学读书。

而在这一年，正是美国经济大萧条的时期，人们的生活水平整个下降了很多。布朗大学里可以明显地看到大萧条的影子。校园中很多学生看起来营养不良，由于付不起住宿费，他们有许多人住在校外，每天来回走读。

但是，小沃森属于少数的有钱的学生，大萧条对他毫无影响。当老托马斯被宣布为全美国收入最高的人之后，小沃森在校园里的地位更加突出了，一些女孩子开始有意地讨好他。但当时小沃森正热恋着伊莎贝尔·亨利。

伊莎贝尔是个很活跃的女孩。她已经有了一个富有的男朋友，名字叫约翰·埃密斯，他是一个英俊潇洒的哈佛大学毕业生。

一天晚上，小沃森和同学康威正在一家高尔夫俱乐部跳舞，伊莎贝尔和埃密斯出现了。当他们走进舞会时，所有的人都停下来注视他们。她金色的头发，黑黑的眉毛，脸型有点方，走起路来肩膀向后微倾，姿态十分优雅。

伊莎贝尔的家庭很有名望。他们来自费城，伊莎贝尔的祖父曾经买下了伸进佩诺斯科特湾的一个半岛，把它作为自家的院子分给他的后人。伊莎贝尔的母亲来自贝当家族。他们的房子从外表看来并不显眼，但室内装备却十分现代化。

小沃森让康威把自己介绍给伊莎贝尔，并耐心地等到约翰·埃密斯离开了城里，然后他开始向她求爱。互相来往了四五个星期后，他们开始整日整日在一起。

老托马斯也很喜欢伊莎贝尔，认为她气质高贵，出身名门，伊莎贝尔家族是一个显赫的家族。但后来小沃森却感觉到跟伊莎贝尔在一起并不会幸福。

有一次，他们开着车出去玩时，她说："我有钱你也有钱。我认为你并不一定要去工作。我们应该把钱合起来花，出去旅游。"

小沃森认为她从小养尊处优、贪图安逸，缺乏进取心。在相处了两年之后，终于分手了。

小沃森参加了一个叫皮司兄弟会的组织。此会成员以善于吃喝玩乐而闻名。每天晚上他们到城里的比特摩尔饭店喝酒跳舞。他们有自己的公寓和汽车，过花天酒地的生活。

但是，小沃森也知道国家的经济正处于一片混乱。尽管他什么都干不了，却渴望有所贡献。组织中朋友的父亲大多是共和党人，而老托马斯却是一个敢于直言的新政拥护者。

这些年里，沃森父子之间不大来往。老托马斯此时已经60多岁，又刚刚获得国际方面的声誉，整天忙于社交活动和商业经营。每隔几星期，他会给儿子写上一封充满伦理说教的信。

小沃森有足够的钱花销。他每月的生活费大约是300美元。这笔钱在那个年代等于一个美国家庭平均收入的两倍。

小沃森主要用来支付学校的生活费和买衣服。老托马斯从来不过问儿子的花销。当他们见面时，他会问："儿子，你可能手头有点紧吧?"说着，又递给小沃森几百美元。

1933年的圣诞节之前，小沃森收到了成绩单。山姆·阿诺德校长让人通知小沃森要亲自找他谈谈。

阿诺德校长挺胖，圆脸，待人和蔼可亲。他对小沃森说："好，沃森先生，这些成绩看来不是太好，它显示出你在学校里不尽如人意。你要做得更好一些。"

小沃森回家后问父亲："为什么我的成绩那么糟，却还让我待在学校里?"

老托马斯看了儿子一眼，意味深长地说："我认为宁肯让你待在一个正规的地方受熏陶，也比让你在校外放任自流好。"

不过，老托马斯每隔几个星期都要写信给儿子，灌输他自己的处世之道，尽一个父亲的责任。小沃森在父亲的教诲之下，也开始意识到自己不能再这样"放任自流"了，要做一些有意义的事情。

小沃森一直钟爱飞行。在大学一年级那年的9月，他在仅仅受过5个多小时的训练之后，就独自驾机飞上了天，堪称是一个破纪录的举动。从此，小沃森全身心地投入到这项有趣得令人发狂的追求中去——无论是从心理上、体力上还是经济上，都从中体验到极大的自信心。他很享受那种俯瞰大地、自由翱翔的感觉。

有时，小沃森会半夜里从床上爬起来，开车去机场，飞一个小时。机场的管理员对学生相当宽松，他们不反对。

那年冬天，小沃森进行的最大的冒险是参加红十字会空运食物到南塔吉特岛。新英格兰的冬天十分漫长而严寒，南塔吉特港10

多年来第一次结冰封港。有一段时间里，岛上只有通过飞机才能得到食品。小沃森在新贝得福德把供应物品装上飞机，然后运往岛上。

老托马斯知道儿子开飞机后从来没有责怪过他。他只是通过林得伯格捎过些话来："告诉我的儿子，在疲劳的时候永远不要飞行。"

每隔几星期，国际商用机器公司要举办一次宴会。老托马斯想认识纽约的所有重要人物，最后他成为了纽约商人协会的会长，并开始与小约翰·洛克菲勒和亨利·卢斯之类的人物打交道。他参加探险家俱乐部，认识了劳威尔·托马斯和理查德·白德上将。

老托马斯还曾资助过白德的南极探险。白德把南极的一列山脉命名为"沃森斜壁"。小沃森很敬慕他，因为他是第一个飞越北极的人。

小沃森在大学读书时，老托马斯为罗斯福1932年的总统竞选提供过资金和主意，这使他在罗斯福以绝对优势击败胡佛之后可以经常出入白宫。

1933年夏天，纽约商会被警告说，罗斯福试图用国家复兴法来控制企业的工资和生产。于是，老托马斯动身去华盛顿说服总统放宽限制。

老托马斯向罗斯福问候，之后说："总统先生，我到这里来是告诉您，纽约的人们认为您在制定法规方面走得太远了。商业活动是需要一定的规章制度来制约，但我们认为这必须是一些合理的规定。如果您做得太过分了，您将毁掉所剩无几的商业，最后我们将落得个一无所有。"

罗斯福摇摇他的头说道："听着，沃森，你回去告诉你的银行家和企业界的朋友们，我没有时间去为他们的未来担忧。我正在试着拯救这个伟大的国家。我相信我会成功的。如果我成功了，我将拯救他们以及所有的人。"

这些话彻底转变了老托马斯，他有一次对儿子说："我看到了罗斯福身上的千斤重担，也看到了他多么需要帮助。在商人眼里看来是对的意见，从国家的角度看几乎总是错的。"

后来的一年，老托马斯由于公开支持与苏联建立外交关系，又受到罗斯福的宠信。自那以后，他和总统的关系相当亲密。一个月中，老托马斯至少要给总统送两次建议。有时，罗斯福手下的人甚至要老托马斯把他的日程安排表送去，以便在总统需要时可以及时找到他。

小沃森看到很多罗斯福总统写给爸爸的回信，父亲为此很自豪。爸爸妈妈经常到海德公园喝茶，有几次他们还被邀请到白宫过夜。

罗斯福对老托马斯在 20 世纪 30 年代中期给予的帮助很是感激，他曾让老托马斯担任他的商业部长，甚至出任英国大使。但老托马斯对这两项任命都谢绝了，因为他不愿离开国际商用机器公司。但是，他的角色倒像罗斯福在纽约的一位私人代表。

有一次，瑞典的王子古斯塔夫要访问美国，罗斯福的一位助手打电话给老托马斯："您愿意为古斯塔夫准备一顿午餐吗？"

老托马斯认为这是一种聪明而体面的宣传公司知名度的好办法，既能提高公司高层管理人员的素质，又能帮助总统。戴贝尔曼大主教有时也会前来致辞赐福。

宴会厅里届时将有一个讲台、一些装饰华丽的餐桌，以及封面上交叉着美国和瑞典国旗、内有贵宾简介的菜单。

罗斯福有一次说道："我在华盛顿接待他们，而沃森在纽约招待他们。"

小沃森在父亲这里找到了自己不可平庸的意义，他加紧复习功课，最后终于使成绩赶了上来，并顺利拿到了毕业证。毕业之后，小沃森开始考虑前途问题。他这时最需要的是一份工作，进入社会历练自己。

他跟父亲打电话商量说："您能在国际商用机器公司为我安排一个位置吗？"

这正是老托马斯多年企盼的结果，他立即给儿子安排了一个见习生的位置，并开始不断地给儿子写信。

小沃森已经成为一个青年了，他开始留意起父亲和国际商用机器公司来，并对父亲的信也重视起来。

老托马斯的每一封信都在鼓励儿子好好学习，教他如何做人、怎样追求事业达到成功。

小沃森印象最深的是其中一封：

> 记住，孩子，永远记住，生活并不像许多人曾经经历的那么复杂。你越成熟，就会越意识到成功和幸福取决于不多的几件事上。下面，我用商业的说法将人生最重要的行为准则描述一下：

负债	资产
保守的思想	有远见
贪财	无私
平庸的伙伴	爱心

不拘小节	品行端正
不关心别人	好的仪表
虚伪的朋友	真挚的友谊
自尊与矜持	

通过一封信，拉近了沃森父子之间的感情，他们变得更亲密了，也有了更多的共同语言。小沃森在父亲的说教和鼓励之下渐渐成熟起来。

深刻感受和平的重要

1937 年，小沃森马上就要毕业的时候，老托马斯被任命为国际商会的主席，要带着珍妮特和女儿们去欧洲接受这份荣誉。英国国王也发来邀请准备召见老托马斯。

而这时，小沃森从父亲的一个新闻界朋友赫伯特那里得到一份工作邀请。他是一位日本问题专家，原来是一份杂志的创办人，这时正在筹备 1939 年世界博览会的筹委们委派他到远东去为博览会出售场地。

他写信问小沃森："这个夏天能否做我的秘书？"

小沃森喜出望外，毫不犹豫地取消了与兄弟会朋友们航海的计划，与赫伯特约好在柏林见面。因为 6 月底，国际商会在那里开会，老托马斯将在那里当选商会主席，小沃森和家人都要去那里亲眼目睹这一盛况。然后，小沃森再从那里取道莫斯科，乘火车途经西伯利亚到远东。

这样，老托马斯就不能参加两个儿子的毕业典礼了，他感到很遗憾，但也没有办法。在毕业典礼那天，小沃森独自接过毕业证书，只有胖胖的阿诺德校长在一旁微笑地看着他。

然后，小沃森驾车去豪特基司，参加弟弟迪克的毕业典礼。他很高兴自己作为一个兄长出现，使迪克没有感到自己像个孤儿。

当小沃森乘船到达柏林时，国际商会年会已经开始，老托马斯荣幸地受到了英国新国王乔治六世登基第一天上午的接见。

国际商会在当时被看作是与国际联盟同一等级的商业组织。老托马斯为商会提出的宗旨是"通过世界贸易达到世界和平"。出席那次年会的代表有1400多名，引起了全世界的注意。很多人希望以此来阻止战争的爆发。

柏林的战争气息已经十分浓厚了。希特勒已经使莱茵兰地区重新武装起来，全国也正在大规模地扩军备战，到处是戴着钢盔的士兵。

小沃森刚到之后，就听妈妈告诉他："我的一位朋友沃特海姆一家正要离开德国。"沃特海姆拥有柏林最大的百货商店，1935年纳粹分子上街袭击犹太人商店时，他们家的商店成了被破坏的目标之一。

小沃森与国际商用机器公司驻本地经理走过林登大街，看到一些犹太人的房子被德军占领，犹太人纷纷外逃。

再往前走了不远，小沃森找到了苏联旅行社的办公室。由于他需要获得一些远东之行的知识，他走了进去。那位国际商用机器公司的经理也漫不经心地跟了进去。当他抬头环视，意识到这是什么地方时，马上退了出去。德国人和俄国人积怨甚深，他不想冒这个险，被德国人看到。

赫伯特还带小沃森去了日本驻德国的大使馆，参加一次招待会。这座房子非常漂亮。一位德国外交官得意地说："看吧，这原先是一个犹太富翁的房子，他现在已逃出了德国。"

德国人的无情使小沃森感到很不舒服，他担心地对父亲说："爸爸，看来希特勒真的要发动战争了。"

但老托马斯的乐观主义使他持有不同意见："不！他不会的！他是一个非常真诚的人。"

小沃森对父亲的盲目乐观很不同意："你怎么知道他不会?!"

老托马斯说："德国商界的朋友向我保证说他们可以阻止希特勒。在大会的第三天，我还与希特勒进行了一次私下会谈。希特勒对我讲：不会有战争，没有国家希望打仗，也没有国家能够承受得起。"

小沃森知道父亲并没有看到事情的真相，他一直忙于商会的事，没有机会去实地考察一下。他心里虽然担心，但也不好再说什么。

在大会结束时，纳粹政府授予老托马斯一枚德国鹰十字勋章。这种勋章是德国刚刚设计出来的，专门颁发给那些对德意志帝国有贡献的尊贵的外国人。

小沃森在现场看到德国的经济部长斯哈科特亲手将勋章挂在爸爸的脖子上。

但是，1940年在希特勒占领了大部分欧洲之后，老托马斯知道受了他的愚弄，愤怒地将那枚勋章送回，并附有一段愤怒的话：

阁下：

1937年6月在柏林召开的国际商业大会上，我们讨论了世界和平与国际贸易。在那次大会上我被选为此组织的主席。您曾表示决不会再有战争，并说要致力于发展与他国的贸易。

几天后，您的代表斯哈科特以德国政府的名义授予我一枚德国鹰十字勋章，以表彰我为世界和平和世界贸易做出的努力。我是为此目的接收了这枚勋章，并向您表示过我将继续为这项事业的利益而合作。

就目前您的政府政策来看，已经违背了我曾为之奋斗和努力的目标，也违背了我接受这枚勋章的宗旨。因此，现在我将它归还于您。

您真诚的 托马斯·J.沃森

7月3日，小沃森与父母告别。

第二天上午，与赫伯特在华沙踏上了开往远东的火车。23岁的小沃森感觉这一天就好像是他个人的独立日。

赫伯特的计划是先去莫斯科，从那里乘坐横跨西伯利亚的火车，一到中国东北就立即销售博览会的场地。当时，这里是日本人控制的。

在苏联边境换车时，警卫人员检查了他们所带的所有的东西。俄国革命到当时才20年，小沃森很想了解这一新的社会体制效果如何。当赫伯特在火车上打盹时，他却在思索这些问题："为什么那些有思想的人不能探讨一下分配财富的理论？实际上美国的财富分配也不是完全公正的。妈妈总是告诉我们：'你们的父亲努力工作，所以他获得了成功。'但是，我认为有些人工作同样像爸爸那样努力，却所获甚少。或许有些制度会更合理一些。"

小沃森这时开始相信共产主义一定有它的优点。

到达莫斯科后，苏联旅行社的国内部门派了一个人把小沃森他们接到莫斯科最好的宾馆大都饭店。

两天后，小沃森给爸爸写信说："苏联是个可怕的地方。"他原以为父亲见到信后一定会说他胡说八道。但 3 天以后，他回了信，语气温和地说：

> 如果你仔细观察的话，我肯定你会发现苏联情况比起战前那一团糟来要好得多。更重要的是，你必须知道，每个国家都在寻找适合自己人民的最好的生活方式，在这些问题上，我们没有资格去对他们进行批评和建议。

小沃森明白了父亲的意思，也对父亲的为人之道深感敬佩。以后在苏联的几天，他再也没有说过分批评苏联政府的话。

苏联国内旅行社给他们安排了两天的彼得格勒之行。在那里，小沃森参观了俄国沙皇的皇宫，那里珍藏着大量艺术珍宝。

旅行社的人们带着他们乘坐大轿车参观了莫斯科郊外的一处带有明显社会主义特色的农场。它和美国普通的农场没多大差别，使小沃森深有感触的是他们的整洁、明亮的托儿所和这种看护孩子的方法。

在莫斯科时，赫伯特很多时间待在日本大使馆里计划东去旅行的下一步行动，却一点也不给小沃森安排事情，这让他感到奇怪。

一个星期之后，赫伯特告诉小沃森又有一个年龄和他相仿的小伙子要加入他们的行列，他是纽约著名投资银行家的侄子，叫彼得·纬尔。

小沃森问为什么他要来。

赫伯特说："和你一样来做我的秘书。"

小沃森大为恼火："这到底是怎么回事？您并不需要两个秘书啊！"

再三追问下，赫伯特最后才说出实情："彼得的旅费是他家人给提供的，你也如此。"

这对小沃森的自尊心是一个重重的打击，他感到又羞又恼。如果早知道是爸爸安排的，他决不会接受这项工作。他也很气愤赫伯特和父亲一起捉弄自己。但是，事已至此，小沃森也没有别的办法，只好继续这次远东之旅。

在火车穿越西伯利亚期间，小沃森和彼得同在一个包厢。他们每天晚上玩西洋六子棋到深夜。当火车到达满洲里时，小沃森已输给他 40 美元。

火车开得很慢，停的站也很多。有很多时间，小沃森是在观望窗外的森林景色。宽广辽阔的原野无边无际，到处是一片片郁郁青青的松柏和白桦林。

小沃森看着窗外，心里幻想着："如果这片阔大的土地能被允许开辟一条空中航线，它将可能是世界上利润最高的旅游路线：柏林至东京 5 日游。"

小沃森对西伯利亚人感到新奇。每当火车到达一个小站，他都要下去勘探一番，并在商店里讨价还价，买点东西。

跨过西伯利亚，就进入了中国东北，这里已被日本侵占。要到达东京，他们还需跨过朝鲜半岛，在釜山乘船过海。就在几天之后，日本发动了"七七事变"，并开始了全面的侵华战争。一些历史学家把它称作第二次世界大战的开端。

小沃森到达东京后，住在帝国饭店。赫伯特神秘地不让小沃森和彼得拆看他的邮件，甚至连他的行踪也不告诉。但最后他终于将展览场地全部卖了出去。

通过这次日本之行，小沃森认识了许多日本的著名人物。其中有一个造纸厂商，名叫藤原，他邀请小沃森到他家去品茗，席间谈起了侵略中国一事，以及对日英和日美关系的影响。藤原坦率地说日本已不再害怕英国，因为它已日薄西山，而日本方蒸蒸日上。

赫伯特问道："那么美国呢？"

藤原笑着说："我们喜欢罗斯福总统的睦邻政策。"

小沃森过去总认为日本在很遥远的地方，但在东京他却不断地碰到熟悉的面孔。有一个刚从常春藤学生会出来的毕业生，他知道老托马斯，小沃森过去也认识他。甚至还有一位日本伯爵，当小沃森在哈恩学校上学时，他是普林斯顿大学最有名的花花公子。

这时，小沃森想把计划来个大的改动。彼得正在安排等东京的事办完之后，开始一次印度之行，小沃森决定和他一起去。他写信给父亲请求获得准许。

老托马斯马上就回信了：

> 从长远的观点来看，你不能考虑这趟旅行。公司规定秋天开学，你决不能例外。你自己的判断将告诉你与赫伯特先生如期返回。不要耽误了自己的前程，也不要让我失望。

小沃森还没有勇气去违背父亲的意志，至少不敢直接地顶撞他。于是，他只得留下来做事。当时，日本刚刚占领北京，小沃森请求赫伯特给他安排两个星期的正式的北京之行。

小沃森那时还没真正认识到北京已是交战地区。当赫伯特通知老托马斯时，他大发雷霆。可怜的赫伯特当了替罪羊。在东京火车站，小沃森看到站内挤满了士兵和送行的亲属，这更让他加深了对日本军国主义的认识。

去北京的路上用了 5 天时间。一踏上中国的土地，触目尽是战争的景象：车站房顶上端着机关枪的日本士兵，毁坏了的设备，倒塌的房屋，遍地的弹坑和战壕。

旅途的最后一段是从天津到北京。短短的上百千米路程火车竟开了整整一晚上。车厢内有那么多的外国人，一个连的日本士兵，一个藏族贵族和他的妻子、孩子，一位去北京会丈夫的美丽的白俄罗斯妇女。

到达北京后，小沃森住进了北京饭店，找到了在穿越西伯利亚的火车三等车厢里认识的英国姑娘。其中一位与美国使馆的一个海军陆战队军官住在一起。

可是战争对北京的上流社会尤其是对外国人并没有多少冲击，他们照样开着豪华的宴会，过着灯红酒绿的生活。小沃森也不例外，但他却感受到了战争的剧烈刺激。

小沃森从来没见过像北京这样的城市，它是个外国人享乐的地方。你无须花多少钱就可以过得很好。雇一个好的佣人每月只需 10 美元，包一个星期的黄包车才 1.8 美元。所有的东西比较起来都很便宜。因此，北京吸引了大批的外国人，其中几乎包括各个国家的社会渣滓。

北京饭店的顶层酒吧是夜晚人们最常去的地方，可以点一杯杜松子酒，坐在窗前静静地观赏城市西郊划破夜空的炮火。战争正在那里进行。

小沃森和彼得认识了一对名叫弗斯托克的兄弟。他们来自美国长岛，对北京很熟悉。

一天晚上，弗斯托克兄弟说："我们应该到城外去亲眼看看战争的真实情形。"小沃森和彼得齐声叫好。

第二天一大早，他们雇了一辆汽车和一名司机，弄了一面大的美国国旗挂在车篷上，于是开车出发。他们考察的第一个地方是两个星期以前日本屠杀了200名中国人的埋葬场。只见路边一片新坟，尸体腐烂的气味扑面而来。

然后，小沃森又怂恿他们："我们应该再到机场去看看。"

于是，他们驱车去飞机场。出乎意料，竟然畅通无阻地一直开到机场跑道旁边。他们看到日本执行任务刚刚返回的轰炸机。这些飞机又破又旧，都快老掉牙了。同时，小沃森也为飞行员们担心。因为机场被炸得到处是炮弹坑，飞机在降落时很危险。

小沃森一直喜欢飞机，他想给飞机照几张照片，于是拿着照相机走出了车外。但是，他马上听到身后"咔啦"一声，转身一看，一个日本哨兵把刚刚子弹上膛的机枪正对准了他的胸膛。

这可把他们4个吓坏了。小沃森赶快钻进汽车，灰溜溜地夹着尾巴回城去了。

在北京剩下的日子里，小沃森也没有心思再去看战场了，只是在商店里疯狂地购物。一个星期后，已经花光了身上的400美元，身边却多了两只装得满满的大箱子。他给妹妹买了古香古色的满族旗袍、绸缎浴衣，里子是用还没出生的羔羊毛做成的。另外还买了不计其数的翡翠、玉石和琉璃雕刻而成的工艺品。

离开北京时，小沃森长长地出了一口气，他从来没有这样强烈地向往和平。

此时，日本入侵上海遇到了挫折。沿途所见到的日本人个个神情紧张。在火车上，小沃森看到两个庄严肃穆的日本士兵。他们把一位捐躯疆场的将军的骨灰盒运送回国。

火车到达朝鲜边境时，一个日本官员坚持说小沃森的护照不合法，并要他交出 100 美元的罚金。

小沃森当然拒绝交钱："你们怎么能这样做？我的护照根本没有问题。"

这时，那个官员大声喝道："没什么好说的！来人！"马上闯进来两名士兵，将刺刀顶在小沃森的胸脯上。

小沃森又气又怕，只好立刻付了钱。一连几天他都在想这事，并感觉到："这些混蛋看来是真想准备打仗。"他心中对日本人充满了仇恨。

小沃森也为美国和英国的做法感到羞耻，他们没有站在中国一边进行调解。在天津时，小沃森在港口里见到过美国的海军驱逐舰，它们是来接准备撤出北京的美国侨民。他当时也希望自己能跟着军舰一起走。

这是小沃森走向社会的真正第一步，而且如此强烈地让他看到了德国纳粹的冷酷无信、日本军国主义的残暴。

进入公司销售学校

1937年秋，小沃森从远东回来之后，作为实习生进入国际商用机器公司，同其他新生一道首先进入恩迪科特的国际商用机器公司培训学校学习。

这时，小沃森希望人们能像普通人那样对待自己。但是他心里却没有底，因为父亲在那里的影响实在太大了。

当他拿着书在街上走时，人们会说："看，这就是沃森先生的儿子。"

在第一个星期，有一天下课后，小沃森来到一家酒吧。跑堂的对他说："你爸爸不是对喝酒有很多规定吗？"

小沃森解释说："那些规定只是适用于工作期间和办公场所。"但他们根本不听。小沃森再不敢到那家酒吧去了。

国际商用机器公司的总部设在曼哈顿，但公司的灵魂是在恩迪科特。就是在这儿，国际商用机器公司造出了它的打孔机，并向用户展示如何使用它；也是在这儿，国际商用机器公司训练新手怎样去销售它的产品，几乎所有员工都是从这里走向工作岗位的。

恩迪科特是纽约州西部的一个傍河小镇，冬天，这里的气候总是又阴又湿。不管什么时候，只要风从约翰逊制鞋公司皮革厂的上空吹过，恩迪科特就要笼罩在一片臭气里。

　　当时，国际商用机器公司分两个步骤训练新学员。新生10月份来到恩迪科特后，先进那里的机械学校学习产品生产的知识。第二年的春季和夏季，他们去给老推销员当助手。在下一个冬季里，他们再回恩迪科特学习销售方面的技巧。最后，他们就开始自己推销员的生涯了。

　　老托马斯每年付给销售员的薪水和佣金平均为4400美元，最优秀的推销员可以拿到高好几倍的数目。

　　在其他公司，参与培训的老师都是销售业绩不太好的员工。而在国际商用机器公司，参与培训的老师都是销售精英，以使学员能够得到最好的销售经验；而且老师要定期更换，使那些一线的推销员能够带给学员最新、最快的销售信息。这使小沃森深深地体会到了国际商用机器公司的经营之道。

　　在销售实习中，国际商用机器公司还安排学员作为老推销员的助手，采取"传帮带"的方法，使学员尽快掌握销售技巧；并强调，从老推销员那里得到帮助，是每个学员的权利，也是每个老推销员的义务。

　　除了因自己出身于推销员，而格外重视销售外，老托马斯还一直对当年在现金出纳公司所遭遇的事耿耿于怀，因此在国际商用机器公司的口号中，他提出很重要的一条："要尊重每一个人。"

　　小沃森这个班里几乎清一色的都是大学毕业生。大家住在一个原始的木质结构的老式旅馆里，它专门为国际商用机器公司提供食宿。

每天早上，学员们都要拿着课本在镇中大街上走过三个街区，向右拐上北大街，然后进入国际商用机器公司。

当老托马斯于1914年春天第一次来到恩迪科特时，整个计算制图记录公司在那里只有一个制造钟表的小厂子。北大街其他的地方除了几家酒吧，就是一片荒地。

而到了1937年，因为有了国际商用机器公司的发展，小镇发生了翻天覆地的变化。老托马斯买下了那些荒地，建起了一片装有空调设备的白色的现代化的工厂，以及一座宏伟的研究和发展中心。这个中心的正面建筑是古希腊柱头式的。所有从工厂面前走过的人，都会感到一股巨大的公司精神和生命力。

国际商用机器公司职员的收入高出全国平均水平。他们工作的车间里，机器一尘不染，硬木地板擦得锃亮。在工厂后面的小山里，老托马斯买下了一家老的非法酒店，把它改造成一个乡村俱乐部，饮料全部免费。俱乐部包括两个高尔夫球场和一个射击场。任何国际商用机器公司的职工只要一年交一美元就可以加入俱乐部。俱乐部每星期还提供三顿晚饭，为的是减轻一下职工妻子的厨房劳动。

老托马斯还提供免费的音乐会和图书馆，开设夜校以提高职工的素质。他相信宽宏大量在管理方面的作用，事实证明他是正确的。在恩迪科特，人们的道德素质和生产效率非常高。

老托马斯所做的一切得到了员工和亲属的热烈欢迎，他们都为自己能在国际商用机器公司工作感到非常自豪。这些富有人情味的举动极大地增强了公司的凝聚力，使得国际商用机器公司在当时保持了相当的稳定。国际商用机器公司的雇员们从未感到有组织工会的必要。

小沃森禁不住为父亲深深地感到骄傲。这里，是父亲一手缔造的王国。

国际商用机器公司的销售学校坐落在北大街，位于企业中心。学校的宗旨是为公司的未来培养管理人员。老托马斯经常与学生们谈话，就像对待公司里的同事一样。

学校所做的一切都是为了激励忠诚、热情和富有创造性的精神，国际商用机器公司提倡以这种精神去获取成功。在学校的大门上，写着两米见方的两个金色大字："思考"。刚进门里，是一溜花岗岩石的台阶，上边刻着：

思索 观察 讨论 聆听 阅读

其用意是在学生每天踏着台阶去上课时，把学生置于一种发奋努力的精神之中。

每天上午上课时，大家首先起立唱国际商用机器公司歌。每人都有一本歌本，名字是《国际商用机器公司之歌》。打开歌本的第一页是美国的国歌"星条旗永不落"，接下去是国际商用机器公司王国的国歌"永远向上"。有几十首歌颂老托马斯和其他公司领导人的歌，都是用大家熟悉的曲调配词而成的。

许多外部人将国际商用机器公司唱歌的做法视为异端，但是，学校的负责人却不这样看。他说："我们有着公司的厂歌校歌，它们对提高我们的士气和道德风尚功不可没。现在让我们来学唱。坐在钢琴前的弗蓝荷特先生先给大家唱一遍，然后大家跟着一起唱。"

老师们都是公司里的元老，和大家一样都穿着正规的国际商用机器公司服装：黑色的西装，白色的硬领衬衫。教室讲台后方的墙上悬挂着一幅老托马斯的大画像。其他的教室里，也是到处点缀着老托马斯的口号，如同国际商用机器公司所有的办公室一样，到处都可以看到"思考"两个醒目的大字。

这句话的作用像水晶一般的清楚：只要你肯动脑子，你就会销售更多的机器，提升得更快。

对小沃森来说，由于从小在国际商用机器公司的环境中长大，所以，他非常适应公司的文化。

学校给学生们12周学习生产方面的知识，主要的学习重心是放在打孔机上。当时，打孔机在市场上的需求量很大，它的销售占公司总收入的85%。同时也在尝试生产电动打字机。

开始，小沃森一看到打孔机就兴奋不已。他从小就接触这种机械式的计算机器。在工业化的历史上，打孔机与提花呢织布机、棉花脱粒机和蒸汽机车有着同样的地位。在打孔卡出世之前，所有的会计和记录工作都由人工来完成。打孔卡系统消除了大量的烦琐劳动，如复制全部的分类账和写账单等，并且把工作做得简便、可靠而迅速。很明显，它将是未来的新潮流。

国际商用机器公司开始吸引高质量的人才，因为打孔机成为人们喜闻乐见的好帮手。

当年，老托马斯正是看中了打孔机的发展潜力才加盟计算制表记录公司的。随后，如他所料，打孔机在数据处理方面大显神威，用户也延伸到了各行各业。

小沃森来到恩迪科特时，打孔机已经取得了很大发展，也相当精密了。它一分钟可以处理400个卡片，并印付款单和地址表，同时它还可复制出公司正在手头处理的会计数字。

小沃森对打孔机充满了感情，他甚至还设想着用一套卡片让用户以 10 种至 12 种的方式来使用同一种数据。因此，他相当有信心去销售它们。

但是，不久小沃森就发现，在国际商用机器公司学校需要学习的内容，远比打孔卡看上去要复杂得多。每个人都必须学会操作机器，懂得该机器的原理，并去完成特殊的任务。这项工作涉及在一张电话总机交换台似的工作台前接线头。每人守着一部接线台。

小沃森很快就发现，自己的实际接线操作能力要比理论方面的理解力差得多，费了很大的劲也没能弄清楚。两个星期以后，为了不至于掉队，他不得不配备了一个老师专门辅导。

由于小沃森是托马斯·沃森的儿子，学校中所有的人都在猜想老托马斯在儿子身上的用意。学校的领导是小沃森在哈恩中学时的校长伯里格。他和老托马斯过去就非常熟悉，他竟然想出一个主意来取悦老托马斯：让小沃森来担任班长。

伯里格在选班长的时候还是费了点心思的，他采取措施让其他的同学投小沃森的票。

小沃森虽然心里对此感到厌烦，但当时他还没有勇气说"我干不了"。

在恩迪科特待的时间越长，小沃森就越感到它荒凉无聊。这个地方提供不了多少有趣的活动，但到处都有父亲的影子，让他感到拘束。父亲在无形和有形地控制着这里的一切。

平常，小沃森和同学们都在旅馆里吃饭，如果出去吃的话，饭食较贵，大多数的同学都属于穷学生，吃不起。另外，恩迪科特的餐馆都是意大利籍的工人们常去的地方，做的饭经常让人吃了胃灼热。

老托马斯大约一个月来恩迪科特一次。当地的经理们会变得很紧张，因为老托马斯总会在别人预料不到的地方挑出毛病来，并喜欢把毛病夸大。不管检查哪方面的业务，他都要深入到每个细节，提出许多想法和问题，所以搞得人们不得不小心翼翼。

校长伯里格有时不知道应不应该让小沃森旷课去车站迎接父亲。一般的情况下，他都去车站迎接，例行公事地站在寒冷的月台上，看着火车喷着蒸汽缓缓地开进站来。

在恩迪科特，老托马斯最喜欢的地方是国际商用机器公司的老根据地——一幢四方形的深绿色房瓦的意大利式住宅。它原先属于镇子的创始人。老托马斯在它的侧翼进行了扩建，增加了 40 个带浴室的客房。前来洽谈业务的客户可以在这里进行一星期的操作训练，学习如何使用打卡机。

老托马斯时刻警觉着工厂的需求，他去视察工厂时，会在车间里转来转去，碰到问题时他会把脚踩在凳子上与人谈论半小时。然后，他走出来，针对那些问题对秘书发布一连串的指示。

在晚上，老托马斯回到国际商用机器公司餐厅，与客户们坐到一起开始交谈。他们都佩戴着能显示身份的徽章。吃完晚饭后，更多的人会围拢到他那张饭桌前。老托马斯有时要与一二十人交谈，人们很容易看出他是个伟大的推销家。他侃侃而谈，不时做几个手势。不管同不同意他的观点，听者都被他的谈话吸引着。

他们一谈就是大半宿，经常谈到凌晨一两点。小沃森对这些谈话感到既敬佩又厌烦，但又不能走开，因为一离开就会伤爸爸的心。

一般来说，在老托马斯到恩迪科特时，小沃森总是和他保持一段距离。但父亲从未对小沃森的学习成绩说三道四。

漫长而艰苦的学习生活终于结束了。毕业期间，小沃森和全班同学来到曼哈顿，出席国际商用机器公司一年一度的销售庆祝大会。几百名完成了他们销售任务的推销员们汇聚纽约，出席由公司出资在纽约最豪华的饭店华道尔夫饭店举行的盛大宴会。伴随着歌声、奖金和奖状，每一位销售员都要站在讲坛上说几句话，表达自己的推销感想。

宴会一直持续了几个小时。学员们听了，一个个心中都对未来充满了希望。

最后，该轮到小沃森上台说话了。他代表全体新毕业的学员赠送给父亲一本精美的游艇画册，然后，他们俩作为一对国际商用机器公司父子俱乐部的新成员照了一张合影。

小沃森感觉，在销售学校这两年中，学到了比前 23 年都要多的知识，也从此对父亲和国际商用机器公司有了更深刻的理解。

成为出色的推销员

1939 年，小沃森从国际商用机器公司销售学校毕业，与其他学员一样成为了公司一名推销员。

公司分配小沃森负责曼哈顿地区的销售业务。这是公司的一个重要产品销售地，其范围包括整个金融区的西半部，以及华尔街的一部分。

虽然已经经过了两年的销售学习，但是小沃森自己还是没有太多的自信，不知道如何才能与客户更好地打交道。

不过小沃森反过来想："万事开头难，只要有了第一次成功，以后就会顺利多了。"

他的第一次外出推销产品，是在百老汇大街上靠近三一教堂的一幢旧的办公大楼里。小沃森走进门厅里，看着名录牌上好多公司的名字，犹豫不定："我该从哪家开始下手呢？"

当时小沃森身上带着一份已经拜访过的公司名单。他浏览着这栋大楼里许多公司，还有很多没有去推销过，甚至不知道那些公司从事何种业务。

突然，小沃森在名录牌上看到了马丁公司的名字，他产生了一种似曾相识的亲切感，他不由眼前一亮："这是我熟悉的一个公司名字呀，因为我小时候吃过马丁公司生产的鱼肝油。它装在黄色的瓶子里，瓶口很大，勺子都可以伸进去。这种儿童营养补品含有蜂蜜，味道甚佳。对，就从这家公司入手！"

　　小沃森乘大楼的电梯来到马丁公司那一层，进了公司大门，看到里面还有一道低低的橡木柜台，中间有一个小门，马丁公司的接待员就坐在柜台后面。

　　小沃森努力压制了一下心中的紧张，清了清嗓子。接待员抬头看了他一眼。

　　小沃森对自己说："没事的，有什么好紧张的。"然后走到接待员跟前，对接待员说："您好，我是托马斯·沃森，是国际商用公司的推销员。我不知道是否可以见一见你们的总会计师，谈谈打孔机的事。"

　　接待员肯定是见多了这种推销员，她按照惯例推托说："我肯定你不能，今天我们非常忙。"

　　在销售学校时，小沃森已经听到过类似的情况，所以接待员的回答也在他的意料之中，他拿出自己的名片递给接待员说："您能把我的名片送给那位先生吗？如果他今天没空，我改天再来也行。您也可以告诉他，或者他什么时候需要可以随时联系我。"

　　接待员接过名片，走了进去，很快她走了出来，对小沃森说："年轻人，你的运气真不错，我们总裁竟然要亲自见你，快进去吧！"

　　小沃森不由又惊又喜，他径直走进总裁的办公室，一边走一边在心里想着见了总裁该怎么说才能引起他对自己的产品感兴趣。

总裁正坐在桌子后面，看起来是一个很和蔼的人，小沃森心里放松多了。

总裁见到小沃森，从桌子后面站起来和他握手，然后说："很高兴你能光临我们的公司。"

小沃森赶紧迎上去握住总裁的手："我也是。您好先生，我很喜欢你们公司的营养品，我小时候经常吃，我妈妈经常给我们买。我是新上任的推销员，刚才在门厅看公司名录牌时，我想应该先到名字熟悉的公司去，于是我就到这来了。"

总裁微笑着看着小沃森，说："你是你们公司的老总托马斯·沃森的儿子吗？"

小沃森说："是的。"

总裁示意小沃森坐下，然后说："那好的，让我给你讲个小故事吧！我有个朋友掌管着一家大公司，他把儿子带到公司里来，为他安排了一个位置。但是这个儿子光想过奢侈的生活，而不老老实实地工作。最后，他变成了个酒鬼，让他爸爸给解雇了。你怎么看这个故事？"

小沃森听了，想了一下，然后说："先生，谢谢您给我讲这个故事，我想您是想给我一个忠告。我一定引以为戒。但现在我想告诉您打孔卡片用在会计计算中的方法，它能帮助您大大地提高工作效率……"

总裁马上打断了小沃森的话："嗨，你别怪我说话直啊！我对这玩意不感兴趣。我只是听到你是托马斯·沃森的儿子，才叫你进来的。我认为你应该知道很多像你这样家庭出身的孩子长大后都一事无成，所以，很高兴见到你，沃森先生。现在你请吧！"他说着，指了指门的位置。

小沃森听明白了总裁的意思，他只好放弃游说的念头。但是，他不明白这位总裁为什么给他上了这么一堂课。他心中产生了委屈、愤怒的情绪，回忆起自己在中学和大学时所做的那些荒唐事，走过的那些好吃懒做的日子，不由心中悔恨交加："我决不会再做那样的少爷崽子了，我决不能让父亲为我丢脸。"

经过这一次，小沃森也走出了独立推销的第一步，他渐渐地找到了一些感觉，以后，他的运气慢慢好起来。当自己的推销引得一些顾主产生兴趣时，他逐渐被这种工作吸引了，并发现销售十分富于刺激性。

通常，小沃森会像其他推销员一样，首先是带顾客去看操作示范。然后，如果发现顾客对产品感兴趣，那就问他："是否需要我们去贵公司做一个调查，看看您的办公室里哪些业务可以使用打孔卡，这样可以使你们的工作实行自动化，好吗？而且您可以比较一下，再作出决定。"

打孔卡片特别适用于处理账单、会计收据和销售分析，因为它们都建立在一套相同的数据上。小沃森和其他国际商用机器公司的推销员很容易就向顾客显示出这套设备的效率。

当时国际商用机器公司最便宜的一套机器叫作"国际50"。它包括一台卡片分类机、一个打孔键和一台不能打印的制表机；一个月才花50美元的租金。

这时，小沃森对顾客说："它一个月才50美元，而且几乎能顶上一个聪明伶俐的、业务熟练的姑娘。而你每月却要付给一个女办事员90美元的工资。"

一旦发现顾客通过比较，对机器产生了兴趣，那就进一步诱导顾客说："如果您能够再花200美元的话，我们可以再给您装一套打印机。这样，可就更节省人力了，你所有的记账和核查工作都由机器来给你做了，这不但会大大提高工作效率，而且还会提高数据的准确度。”

　　小沃森在一次次成功的推销之后，逐渐发现，国际商用机器公司的经营方式有它不同寻常之处，比如公司实际上并不出售打孔机，推销员所说的销售实际上是租赁，实行一种全方位的服务——提供机器设备和持续不断的售后服务。

　　其实，租赁制度需要很大的人力物力，但可以使公司的生意稳定，在大萧条期间也没有受到过冲击而安然度过。

　　老托马斯对儿子说：“如果经济状况不好，有的公司可能不愿意花一大笔钱去买一套昂贵的设备，但却负担得起每个月的几十美元。你在一年里一台机器也卖不出去，但是努力做好原有顾主的售后服务，你也会获得与上一年同样的收入。租赁制是国际商用机器公司成功的主要诀窍之一。因为他们一旦用上这种机器，就再也无法回到手工时代了。”

　　国际商用机器公司利用这种其他公司不愿意采用的租赁制，在竞争中抢得了先机，并以其良好的售后服务赢得了大量的客户。而顾客在使用一段时间之后，如果想要买一台机器，当然也会首选国际商用机器公司。

　　当时，所有的机器出租都为期一年。新租期的签约使推销员有机会造访那些使用机器的公司的高级领导人。小沃森在销售学校时就被教导：“作为一个优秀的推销员，一定要眼眶子向上。”

　　老托马斯也经常对儿子说：“打电话给那些决策者们！给总经理打电话！”并且教给小沃森不少发掘决策者作用的绝招。通过回访，无论从感情上还是从信誉上，都会大大增加公司产品的销售机会。

　　当然也会遇到客户对这种产品不感兴趣的时候。小沃森还随身带着一种法宝，那就是国际商用机器公司内部出版发行的杂志《思想》。他会不失时机地分发给客户，然后说："先生，我看出来你对这种机器不是很感兴趣，它们对你们这里也不是很合适，这没关系。但既然我来到这里，就让我送给您一本或许您能感兴趣的杂志吧！这本杂志是我们公司的免费杂志，您有时间翻阅一下，你瞧，这一期有罗斯福和杜威的讲话，还有一篇电子管发明者福里斯特的文章。我把这份杂志和名片留给您。如果您喜欢，您可以免费订阅。只要跟我说一声，我把您的名字写到名单上就是了。希望我们以后能常联系，互相关照。"

　　《思想》杂志是一本内容广泛的趣味性月刊，编辑得非常好。人们只有通过扉页下方的一行小字才能得知它是国际商用机器公司出版的。每一期的开头都是一篇由老托马斯写的论述世界进步的社论。老托马斯认为，它能很好地宣传企业形象。

　　《思想》杂志散发给所有使用国际商用机器公司机器的用户。但它决不仅限于此。它的发行量达到 10 万份，而国际商用机器公司的用户仅 3.5 万。老托马斯让把杂志赠送给所有可能帮助国际商用机器公司的人。

　　老托马斯在儿子做推销员时从来没表扬过他。他们在家时偶尔会说上几句话，老托马斯会问："你认为新的销售计划怎么样？"或者"你认为琼斯先生怎样？"

　　无论小沃森怎么回答，老托马斯总是打断说："你看，在对琼斯先生的评论上，你是真缺少社会阅历。"

　　小沃森发现父亲很乐意做这些小的感情练习，他想："或许他是在考考我，但这种考试没人能够通过。"

小沃森的销售成绩越来越好，他总是能超额完成任务。他自己也知道，那些想拍父亲马屁的人不断地给他揽生意。这使他卖出了大量的机器，为此他也感到很沮丧。

有一次，小沃森对上司隐隐地表示出不满的情绪。他说："嗨，接着干，年轻人，我们帮助所有的推销员。你是干大事的，不管怎么说，我们所做的99%都是你自己的。"

在国际商用机器公司的销售工作期间，他一直忍受着自我怀疑的折磨。无聊，却又无可奈何。那时他经常对自己说："我不能让国际商用机器公司支配我的生活。"

在国际商用机器公司工作的时间越长，小沃森就对父亲周围的偶像崇拜气氛越不满意。在国际商用机器公司每周一期的报纸《商业机器》上，经常有老托马斯的大幅照片和通栏标题。

父亲越是成功，人们就越是阿谀奉承他，于是，他就陷入了一片吹捧之中。一切事都要围着他转，他不停地在发号施令，身后总有个秘书拿着笔记本在团团转。

渐渐地，小沃森对父亲的轻蔑在家庭饭桌上表现出来。平时吃饭时，当老托马斯讲话时，全家人都必须全神贯注。只有小沃森闷闷不乐，爱答不理；有时独自叼上一根烟卷，懒洋洋地歪靠在椅子上，两眼盯着天花板打转转。

老托马斯从未对小沃森这种行为发表任何指示，但是，他开始经常把小沃森从办公室里叫出去，跟他一起出差；或把儿子叫到他的办公室，让小沃森谈谈对某些事情的意见。

老托马斯还安排儿子参与了1939年世界博览会"国际商用机器公司日"的准备工作。这个博览会与赫伯特带小沃森去出售场地的那次博览会一样。老托马斯想利用这次博览会搞一次国际商用机器公司史上最大的活动。

他把10000多名客人带进曼哈顿，其中包括国际商用机器公司所有的工人、维修人员、推销员以及他们的家属。这些人要在宾馆里住上3天。他们其中有许多人从未来过纽约。光是从恩迪科特来的人就坐满了10火车专列。

为了宣扬这一活动，老托马斯在纽约的各家报纸上做了整版广告。广告的大标题是："他们都来啦!"自从第一次世界大战的部队调动之后，美国还没有过这等规模的人员流动盛况。

他之所以如此兴师动众、大肆铺张，主要是为了显示国际商用机器公司的一切都是最大最好的。父亲的一行一动给了小沃森深刻的印象，使他看到了父亲在为公司操劳方面费了很多心血。

"国际商用机器公司日"在一片热闹的喧腾中度过了。纽约市长在开幕式上讲了话。接下来，老托马斯宣读罗斯福总统的贺词，同时受到了特别的欢迎……著名的歌剧明星莫尔和劳伦斯也来现场献艺；费城交响乐团除了演奏巴赫和西贝柳斯的作品，还演奏了国际商用机器公司的交响乐。这些节目被各家电台实况转播……

1940年新年过后，在上班的第一天，小沃森一下子变成了公司里最出色的推销员，因为他与美国钢铁公司做成了一笔大生意。在一天的时间里，他完成了全年的工作定额。

公司对此进行了极力的宣传，公司的报纸上用大字标题登出：小托马斯·约翰·沃森——1940年100%俱乐部的第一人!而且内容也极力地夸张。

但是小沃森却为此感到心中有愧，有失身份。因为人们都知道，他的成功只是因为他是总裁的儿子，不然的话，永远也不能在如此短的时间里售出这么大的一批货。他越来越对此感到厌烦了。

　　这种内心的折磨一直纠缠着小沃森，有时他甚至产生了摆脱这一切的想法："我要离开国际商用机器公司。我要有自己真实的生活，用我的实际能力来生存!"

与奥丽芙结为伴侣

1940 年，正是第二次世界大战时期。刚开始，炮火只在亚欧大陆炸响，美国还在坐山观虎斗。但从种种迹象来看，美国的参战看来已经不可避免了。

当战争到来时，小沃森正急切地想摆脱父亲和国际商用机器公司的束缚，于是他想参军去当飞行员。他已经是 26 岁的成年人，一个有丰富飞行经验的驾驶员，没有必要再去训练学校学习。

有一天，小沃森听说美国空军司令阿诺德将军要来纽约对青年人发表演说，就大胆前去征求他的意见。

阿诺德性情爽快，说话直截了当。当他讲完话后，轮到大家提问题，小沃森第一个举起手来。

阿诺德干脆地指着小沃森，嘴里冒出一个字："说！"

小沃森说："将军，我有 1000 小时的民航驾驶经验。我想知道怎样不经空军飞行训练学校就可以进入战斗部队。"

阿诺德明确地拒绝了："一点别的方法也没有。去飞行学校。下一个问题。"

但是小沃森仍然不甘心，他站在那里，说："将军，进行重复训练是在浪费政府的钱啊！"

阿诺德的口气不容置疑："这是两种完全不同的飞行，你的民航训练是远远不够的。坐下！"

小沃森只好坐了下来，心里想"我要继续缠着他"。

其实，小沃森想避开飞行训练学校的原因还有一个，那就是他的眼睛有点毛病。他私下找了一个医生，对眼睛进行了空军飞行员所需要的检查，结果证实了确实有毛病。而空军对眼睛的要求非常高，以他的情况根本无法通过检测。

不过小沃森既有钱又有办法，他找到了一个能够帮助他的医生，医生用一种检查眼睛平衡肌的仪器来对小沃森进行训练，不久他便适应了。小沃森顺利通过了测试进入了空军，并且一连5年都能通过这项检查。

后来，小沃森又找到了避开飞行学校的方法，那就是加入国民警卫队。这样所需要的只是300小时的民航飞行和一次飞行测试。他轻而易举就通过了测验。

1940年9月，罗斯福总统对国民警卫队进行了总动员，小沃森终于实现了梦想，成为了一名空军飞行员。到了年底，他已经成为侦察分队的一名少尉。

平常的时候，小沃森仍在国际商用机器公司上班，每到周末就去斯代顿岛的空军机场进行训练。

老托马斯很少和儿子谈论战争，但在小沃森入伍几星期之后，他退回了希特勒德国授予他的勋章。战争的到来使他变得沉默寡言。他并非和平主义者，但他对美国是否需要卷入战争内心非常矛盾。

但在战争最后终于爆发时，国际商用机器公司全力以赴，老托马斯自豪地在公司兵工厂制造的武器上标上了国际商用机器公司的名字。

小沃森所在的侦察分队不久被调到麦克莱林空军基地训练，那里又热又湿，枯燥乏味。但小沃森并不介意，因为他终于从国际商用机器公司解脱出来，每天都能进行飞行。

经过在纽约3年的国际商用机器公司循规蹈矩的压抑生活后，小沃森的内心此时获得了一次解放，性情又回归到孩童时期。他对这样的生活感到充实而又刺激。他也为自己的选择而自豪，因为这与父亲没有一点关系，完全是自己的意愿，是靠自己的能力取得的。

1941年，小沃森不但通过参军摆脱了父亲，而且他还收获了爱情。

长时间以来，虽然小沃森喜欢取乐，但为了父亲的声望，总是注意避免让自己卷入丑闻中去。虽然他总是身边有姑娘相伴，但他始终躲避那种挑逗性的风骚女人。这都是因为之前受过女人的伤害的缘故。如果不是早先认识过伊莎贝尔·亨利，他真不知道自己会发展成什么样子。

直至1939年初，在一次约会中认识了奥丽芙·考蕾，之前小沃森从未和哪个女孩子动过真情。

那是一次偶然的机会，一位哈恩中学时代的朋友约小沃森在周末与他们夫妇一起去滑雪。他们说好前来普拉扎旅馆接小沃森。

当小沃森走下台阶时，他看到一辆小型的福特牌汽车停在那里，里面装有滑雪板，后边还坐着一位漂亮得令人吃惊的妙龄女郎。

到佛蒙特需要六七个小时的时间，小沃森和奥丽芙整整谈了一路。她是个楚楚动人、开朗活泼的女性。小沃森感到她虽然出身于上流家庭，但是却自食其力，独立生活。这一点让他感到非常难能可贵。当旅行结束的时候，他们俩已经好得难舍难分了。

奥丽芙当时住在巴比松旅馆，在罗伯特公司里做签约模特儿。她上过数次杂志的封面，做过许多广告。小沃森尤其记得在《走运》杂志上登过她的一张照片，她拿着一片烟叶站在烟草地里。

当他们一起外出时，经常有人拦住他们，对奥丽芙说："嘿，你怎么这样面熟！我在哪里见过你呢？"

在交往过程中，小沃森最受感动的是奥丽芙的宽容大度，她的慷慨使她在周围有着很好的人缘。这一点尤其打动了小沃森，他认为这是一种非常优秀的品格。

即使他们因为小事情吵过架，但小沃森再也难以从心中把她忘记。他曾经与许多漂亮的女孩子打过交道，但没有一个像奥丽芙这样真正走进了他的内心。他对她从一开始就是真心实意的。

后来，老托马斯和珍妮特从小沃森的妹妹那里听说他在和一个模特儿谈恋爱，他们虽没有公开反对，却暗示小沃森这是否是在犯错误。当小沃森开始把奥丽芙带到家里参加一些活动时，珍妮特起先总是和她保持一定的距离，老托马斯却宽容地表示欢迎。

小沃森非常珍惜与奥丽芙在一起的时光，她也总在恰当的时机给小沃森一些生活和为人上的建议。

战争日渐艰苦，小沃森开始想："自己该是成年人了，应该尽快与奥丽芙结婚了。"

每当奥丽芙在周末来看望小沃森时，都能感觉到小沃森变得越来越严肃、认真，已不再是随便开玩笑了。奥丽芙也曾经表示过想过家庭生活，而小沃森由于考虑到在战斗中可能捐躯，也想快点结婚。这样，两个人就想到一块去了。

1941年11月，小沃森返回纽约，和奥丽芙一起去华道夫大饭店跳舞。在舞会上，小沃森正式向她求婚，并且掏出了口袋里的一枚钻石戒指。

在罗喀思特谷，小沃森和奥丽芙在她姑姑家举行了盛大的订婚仪式，并且计划过了圣诞节之后举行婚礼。

本来，小沃森认为希特勒将把美国卷入战争，但没想到日本人抢先下手了。他在订婚之后返回基地的汽车里，听着收音机里播出一个惊人的消息：日本袭击了珍珠港！

当时与小沃森同行的还有约翰夫妇。他们一开始怎么也不相信，但是几家电台都播送着同样的消息。小沃森马上意识到，他们分队不可能长久地待在安尼斯顿，或许上级要对他们进行重新训练，把他们送去开轰炸机。

回到基地后，小沃森发现所有的人脸上都带着紧张不安的情绪。很多人认为日本飞机可能会对美国的西海岸进行袭击。

几个星期之后，小沃森分队得到命令：移驻加利福尼亚。

小沃森听到命令，马上打电话给奥丽芙说："你现在快速赶到我这儿来，我们马上结婚。"

奥丽芙一听就哭了，她说："可是，我的结婚礼服还没准备好呢。"不过她接着说："要不我到商店买些东西，今天晚上就和妈妈坐火车去你那里。"

小沃森马上又打电话给自己家里，家人第二天也接着赶来了。

小沃森郑重地邀请父亲做他的伴郎，因为在那种时刻，他感觉是那么思念父亲。以往对他的气愤、恼怒、生气和反感统统消失了，掩藏在心底的只是爱和崇敬。战争已经降临，家人在一起感到无限的亲切，父子俩的关系前所未有地亲密起来。

在安尼斯顿，唯一可以安顿来宾的地方是一家靠近基地的低档旅馆。小沃森不能离开基地，于是奥丽芙只好自己去买结婚戒指。在基地的小教堂里，每 15 分钟举行一场结婚典礼。因为其他还有很多赶在战前结婚的年轻人。

小沃森早早地等在那里，但奥丽芙却被基地的门卫拦在门外，小沃森忘记通知门卫了。等到她终于进来的时候，大家涌进那条狭窄的小走廊里，众多的宾客挤成一团，就这样，小沃森和奥丽芙草草地举行了婚礼。

小沃森为了弥补奥丽芙对婚礼的失望，决心好好庆祝他们的新婚蜜月，尽管只剩下两天的时间了。他在安尼斯顿找到了一处院内长满了常春藤的红砖小别墅，马上租了下来，在里面装满了食物和香槟酒。

老托马斯为了儿子深谋远虑，他估计安尼斯顿不会有花店，于是打电话给亚特兰大。当小沃森携着新婚娘子走进院门时，别墅里到处布满了鲜花。

结婚 6 天之后，小沃森的分队起程前往加利福尼亚。奥丽芙不能随飞机一块前往，她只能和另一位中尉的妻子玛姬开车去那里。她们坐的是玛姬的客货两用车，小沃森雇了一名中学教师开着自己的车子跟着她们。

但是，因为前方的气候太坏，小沃森的分队只飞到得克萨斯州的米德兰就停下来了。他马上在地图上寻找奥丽芙她们可能行驶的路线，屈指一算，她们今天正好可能到达这里。于是，他借了一辆破车，开到高速公路边上，等待她们的到来。

不到一个小时，她们来了。小沃森看到两个美人在一辆蓝色的客货车里。他高兴地把垫在屁股下面的一张报纸扔向天空，大叫着向她们招手。车子在很远的地方停了下来，因为她们开得太快了。

　　突然，小沃森想起了自己的汽车，怎么不见踪影？是不是在路上遭到歹徒的劫持？他大声问道："我的车在哪？我的车在哪？"

　　奥丽芙一下慌了手脚，她说不出在什么地方那辆车不见了。

　　后来，他们来到一家旅馆，小沃森立即打电话给警察局。恰巧那位中学教师也向警察局打了寻人电话。

　　当天晚上，大家痛饮了一通香槟酒，庆祝终于顺利相会了。

进入利文沃斯军校

1941 年，小沃森的侦察分队来到加利福尼亚。他们的训练基地坐落在距洛杉矶 50 英里远的圣伯纳地诺，机场很简陋，周围也很荒凉，去后不久的圣诞节是在帐篷里度过的。

当时带家属的飞行员不多。在很久以前，小沃森和父母曾在这里的梅森旅馆住过，奥丽芙就在这家旅馆找到了一处上好的相当幽雅宁静的房间。

在圣诞节的晚上，小沃森想办法搞到了一些烈性酒和牛奶。他们把它带到帐篷里去，与全分队的同事们一起分享。

一开始，分队就在基地里待命。圣诞节过后的第四天，接到命令，任务是沿着西海岸来回巡逻海面，寻找日本的潜艇。

小沃森和战友们每天径直飞过洛杉矶的上空，飞离海岸 10 英里，然后沿着海岸线向北飞。飞行高度大约是 4000 米，为的是极大限度地看清水下的潜艇。当飞到最北边的萨莱纳时，飞机拐进内陆降落加油，然后再按原路飞回。

1942 年新年刚过不久，小沃森又在城里为奥丽芙租了一座灰泥结构的房子，与约翰的妻子合住。这是一座两居室的小型别墅，屋里铺着普通的地毯，还装备着一些家具。两家共用一个洗澡间和厨房。

有一天晚上，小沃森把基地全部 13 位军官都请到家来了。大家饮酒作乐，非常热闹。结果，惊动了警察，他们赶来劝他们安静一点。军官们找借口说："知道吗？我们要去打仗了，要保护我们伟大的祖国……"

这些警察听了肃然起敬，居然摘掉他们的帽子和手枪，和小沃森他们一起热闹起来。

离基地不远，在圣伯纳地诺山里有一风景区，那里有个温泉旅馆。每到休息日，小沃森就和奥丽芙驱车前往那个旅馆，在那里见到了许多电影演员。

战争爆发后的头两个月里，日本似乎有占领整个太平洋之势。他们先后进攻并占领了香港和菲律宾大部分地区。在太平洋上，他们攻下了威克岛，并在那里建立了基地。依形势看，加利福尼亚将是他们下一个进攻的目标。但是，小沃森他们却始终没有发现一艘潜艇。

渐渐地，人们都意识到，日本人的战线拉得过长了，加利福尼亚可能是不会来了。他们的巡逻也开始松懈了。

可是在这时，小沃森却和上司尼尔森上校的关系搞得很紧张。他们之间的矛盾始于安尼斯顿。那时小沃森是分队的安全员。尼尔森总认为小沃森对事情太过于认真了。

小沃森提醒说："飞机场跑道太短，不利于飞机的起动，跑道的尽头又是一座小山，地形较危险。"

尼尔森对此却并不介意。不管小沃森怎么提出建议，他都认为是大惊小怪。他把小沃森看成惯坏了的纨绔子弟，对他成见很深。

而小沃森却认为尼尔森态度蛮横，方法简单。

到达加利福尼亚几星期之后，前线开始从分队里抽人去新几内亚补充飞行员。尼尔森在一天上午把大家集合起来，点了3个人的名字，然后说："这是对你们剩下人的一次教训，谁要再调皮捣蛋，下一个就轮到你了。"

看来，上边只把侦察分队当成一个替补单位，把人员一个一个地抽走。尼尔森对此听之任之，丝毫不为部下们着想。

小沃森决定在尼尔森把他开走之前赶快想办法调走。从那以后，每当遇到麻烦的事，小沃森都尽量推托，即使看到有些错误的事情，他也睁一只眼闭一只眼。同时，小沃森打电话给所有他认识的指挥官，要求去开轰炸机，但他们却并不为之所动。

在这期间，又有3个人给调走了。每次尼尔森把分队集合起来时，小沃森都在想："这次该轮到我了吧！"

经过一番努力之后，小沃森彻底绝望了。他打电话给父亲，告诉了他事情的经过，并且说："我想调动并不是我在逃避危险，我只是不想和尼尔森共事。请你帮助我去开轰炸机，并且有一个轰炸机大队刚刚组建，我要是去了的话可以很快和战友们熟悉起来，以利作战。"

老托马斯静静地听完儿子的诉说，沉默了好大一会儿，然后才说："我不愿意这样做。我担心我可能把你送到一个比你现在还要危险的地方去。但是，我告诉你，我会让尼克尔先生去见马歇尔将军的。"

乔治·马歇尔当时是总参谋长。尼克尔是国际商用机器公司的第二号人物，最得老托马斯信任。

小沃森并不相信父亲真的会让尼克尔去找马歇尔将军，因为像马歇尔这样的大将军，怎么会管小沃森这样的小军官的事呢？

但是，一个星期之后，小沃森就被叫到副官的帐篷里去。副官递给小沃森一份电传："沃森中尉，这上边说让你去堪萨斯州利文沃斯城的指挥参谋学校报道。"

这真是太出乎意料了，小沃森一时不知道该说什么才好，他大声叫道："哎呀，我不知道我喜不喜欢这个地方……"

这时，身边正好站着一位外单位的上校，他说："嗨，让我得到这份电传多好。要是叫我去的话，我一定去。你可真走运！"

小沃森了解了一下才知道，利文沃斯学校是全美国最令人羡慕的一所高级军事院校，所有的高级军官全出自那里。有时，将军们直接从毕业生班里挑选助手。

两天之后，小沃森和奥丽芙开着车前往堪萨斯州。车上载着他们的狗和几只大箱子，这就是他们的全部家当。

他们结婚两个月了，奥丽芙已经怀孕了。他们感觉，这趟旅程就像出去度蜜月一样，正好弥补了他们结婚时的不足。

到达利文沃斯后，他们住进了市内一家宽敞的老房子。房间是由三合板间隔起来的，房子虽然简陋，却十分温馨。

在全班 100 名学员中，只有小沃森一个人是中尉，其他人大都是少校、上尉或中校。马歇尔和艾森豪威尔一类的人物经常前来给他们讲课。小沃森从心里感谢父亲的帮助。

小沃森的同学们大多数是些富有经验的职业军官，学习的内容大多是如怎样在防守一座山口时配置机枪阵地。飞行方面的内容一点也没有。但是，上级还是把一批批空军军官送来受训，因为除此之外再无别的高等军官学校。

这里的学习比国际商用机器公司销售学校还要严格，学习期间，每个人都要写 13 篇论文，评分有 3 个等级：良好、及格、不及格。如果有 3 篇论文不及格，就要被开除出去。

小沃森的开局很成功，他的第一篇论文得了良好。但是第二篇就不及格。他害怕了，对奥丽芙说："事情有点严重，两篇以上不及格我就要走人了。这会儿我可要真用功了。"于是，他赶紧从公寓搬到了学校的宿舍，拼命地苦读起来。

期间，小沃森亲眼看到有一位年长的炮兵军官和一位骑兵军官因考试不及格而被开除。他们一边整理东西一边哭泣，这更让小沃森出了一身的冷汗。但是尽管他没白没夜地学习，但不久他又得了一次不及格。

小沃森想到父亲对他的期望和为他所做的一切，再想想那两位同学离开时黯然的泪眼，更加勤奋地学习起来。功夫不负有心人，小沃森终于保住了成绩，在最后关头没有被学校淘汰。

奥丽芙自从与小沃森结婚后就一直陪在他身边，她不时地提醒和帮助小沃森纠正身上的坏毛病。

有一次，小沃森的大学同学尼克来利文沃斯看他，正好小沃森刚刚完成了一篇论文，于是两个人就商量着出去放松一下。

他们去参加了一个烛光舞会。尼克早在大学期间就与小沃森在一块儿搞恶作剧，这时两个人在高兴之余，就想重温一下往日的伎俩。

尼克伏在小沃森耳边悄悄地说："你看，咱们坐的椅子都是铁的，咱俩悄悄地从桌子下面爬过去，把蜡烛放到那两个家伙的屁股下面！怎么样？"

小沃森一听心中叫绝，于是一拍即合，两个人就这样做了。

这两个家伙做完手脚后，刚刚回到自己的座位，就听到有人大叫着从椅子上跳了起来。

正在小沃森快要忍不住肚子里的笑想发出声来时，突然感到有人在他的肩膀上拍了一下。他回头一看，原来是基地副司令的副官，他带着挖苦的表情对小沃森说："老弟，我要是告诉你，你一定很高兴，副司令也被你们的表演逗乐了。"

奥丽芙当场目睹了这一切。回家后，她郑重其事地和小沃森进行了一次长谈。她说："你别拿这些事情当儿戏，你的父亲会来出席你的毕业典礼，到那时你并不想让自己成为班里的马戏小丑，让父亲因你丢脸吧！"

奥丽芙的这些话把小沃森完全打动了，他心中为此万分地感激她。从那晚以后，奥丽芙经常提醒小沃森，让他堂堂正正做人。

通过利文沃斯的学习，小沃森成为了一名名副其实的军人，一名合格的指挥官。

老托马斯确实参加了儿子的毕业典礼。尽管他表现得很含蓄，但还是可以看出他对儿子取得的成绩感到很自豪。

开辟飞往苏联的航线

1942 年，小沃森从利文沃斯军校毕业，他终于找到了一个可以有所作为的工作，被分配到空军第一师，而且这是他最喜欢和擅长的飞行。小沃森这时在国际商用机器公司的工作经历派上了用场，他非常卖劲，从缅因州的普雷斯克艾尔飞到费城的空军基地，大力宣传"连环"训练器的好处。他要求基地指挥官提供使用训练器的数据，并把这些数据与其他基地的记录相比较，让高级军官写信推荐使用训练器。

小沃森在各个基地之间飞来飞去，确实累坏了，但训练器的使用增加了 6 倍，他觉得自己的工作非常有意义，并为能够拯救一些飞行员的生命而自豪。

小沃森的成功引起了空军第一师师长福利特·布拉德利上将的注意。

1942 年 6 月，福利特把小沃森叫来，问他："你是否愿意当我的侍从副官。"

这太突然了，使得小沃森大吃一惊。如果拒绝，将有可能毁掉他在空军的前程，但如果接受，那就意味着将从事为福利特个人服务的工作。小沃森思前想后，还是接受了。

很快，小沃森就喜欢上了福利特将军。他是空军的先驱者之一，他是第一个把无线电讯号从飞机传送到地面的人。他在第一次世界大战后不久加入空军，并且成为空军的领袖。

小沃森对福利特充满了敬佩，他全身心地投入到了工作之中。福利特先带着小沃森在将军的两引擎 B-23 飞机上作了几次飞行，考验小沃森是否够格，并立即任命他当了驾驶师。此后，福利特常常走到飞机的座舱内，与其他军官交谈，而小沃森则坐在控制室独自驾驶。

福利特在新英格兰试图使轰炸机更快抵达大洋彼岸。在运输路上，出现了拥挤，飞机常在机场耽误。他们到达第一个机场，福利特和其他人巡视了基地，小沃森则留在飞机旁等候。

后来，小沃森向福利特建议，每一次巡视时，自己还要为他写一份详细的总结。他说："将军，如果让我待在飞机里，我觉得是一种浪费。"

福利特答应了。小沃森在随后的报告中，讨论了他们见到的军官、急需的供应，以及自己对运输行动的建议，并指出造成轰炸机延误的部分原因是心理上的问题。一个轰炸机组在美国机场停留时间越长，他们就越想赖着不走。如果他们从新英格兰直飞纽芬兰的甘德或拉布拉多的古斯贝，他们就可以在一周内完成整个飞行。但如果没有持续的压力，延误就会越来越多。

福利特非常赏识小沃森的能力，他常在小沃森的报告上批复："非常感谢"或"很好"、"棒极了"。同时他向小沃森表明："你条理清晰，具有异乎寻常的能力，能够专心思考重要的问题，并把它灌输给别人。是一个优秀的军官。"

几个星期后，福利特就把小沃森带到华盛顿。小沃森问："将军，我们这次要干什么？"

福利特高兴地看着小沃森说："我要让你晋升为上尉。"

小沃森简直不敢相信："您说什么?!"

福利特肯定地说："是这样，因为你出色的工作和能力应该得到这个职位。这对你应该很重要。"

在办完书面手续后。福利特把小沃森领到老军需库大楼的一个房间，换了上尉肩章，然后亲手为他别上。

小沃森感激地向福利特敬了一个标准的军礼。此刻，他心里说："在我心中，像儿子一样对待我的有两个人，一个是我父亲，另一个就是父亲一般的福利特将军！"

两个人的心灵是相通的，福利特看着小沃森，深情地说："你让我想起了我的儿子，他在战前驾驶B-17飞机表演时遇难了。"

小沃森看着福利特这一刻的慈祥，心里百感交集。

1942年，战争愈演愈烈，德军对苏联加紧了攻势，包围了彼得格勒，并大军进逼伏尔加格勒和巴库油田。

苏联向美国发出求援，急需从美国得到武器和供应。

夏天刚到，福利特接到最高司令部命令，把飞机运给苏联。

这是一个危险而又艰巨的任务，其中最头疼的问题之一是如何运送P-40战斗机及A-20轻型轰炸机。因为这些飞机航程较短，把大批飞机迅速、安全地运到目的地，只能绕开轴心国控制区，让它们先飞到阿拉斯加，然后分几段飞行5000英里穿越西伯利亚。

这一行动具有重大的战略意义。福利特用探询的目光注视着小沃森："你能否与我一起去，建立这条困难的运输线？"

小沃森其实完全可以以奥丽芙已经怀孕来推托，而且战争的残酷也不可避免地让他心生恐惧。但他经过在军校培训和在空军这段磨炼，已经成为了极富责任心、勇敢精明的军官了，他立即回答说："没有别的事情比它更令我兴奋的了。"

他们征用了一架崭新的 B-24 轰炸机，福利特让经验丰富的驾驶员李·菲格尔做机长。尽管小沃森组织了这次飞行，但出于他对四引擎飞机方面的经验不足，福利特还是让他担任副驾驶员。

B-24 的确让小沃森感到了巨大的挑战。这是当时世界上最大的一种飞机，它总重 28 吨，另加油箱可飞行 2600 英里。李花了很多时间教小沃森如何操作，他们成了最好的朋友。

离开前两天，小沃森全家都来看望他。福利特让小沃森把母亲带到轰炸机上，她过去从未坐过飞机，但她似乎很喜欢，老托马斯则站在地面，心神不安。飞行几天后，他们飞进苏联领空，准备在黑海的巴库着陆加油时，小沃森爬到飞行舱底下的飞机腹部检查前轮。但就在他检查到一半时，李就把着陆杆放到"放下"的位置。这时小沃森正在检查，巨大的前轮开始沉沉地压下来。小沃森急忙跳向领航舱，但他的一条腿被卡住了。

小沃森向领航员大喊："把耳机给我。"并对自己说："千万不要惊慌失措。"

小沃森在耳机中对李说："我的腿被着陆装置门卡住了，如果你现在着陆，前轮的运动将使门砍掉我的腿。"

小沃森就躺在打开的门上，往下 1000 米就是巴库的油田。无线电发报员走下来看了他一眼，就昏倒了，被人抬回到安全的炸弹舱。福利特也下来了。他看了很长时间，然后指挥大家放松了着陆装置门后部的铰链，5 分钟后，小沃森的大腿被拖了出来。

8月，他们终于到达了莫斯科，莫斯科仍处于被包围的状态。他们搬入可以俯瞰红场的国家旅馆，从房间就能看到克里姆林宫。

小沃森他们开辟的阿拉斯加—西伯利亚运输线取得了巨大的成功。到战争快结束时，美国近 8000 架飞机沿着这条航线飞到了苏联。

在美国的军事支持下，苏联红军更加顽强抵抗，再加上严寒的冬季，使德军从此再没有向前进一步。

五角大楼的技术督察

　　1942年圣诞节前，小沃森赶回了纽约，正好赶上了他第一个儿子降生。两个月后的一天下午，小沃森正在华盛顿附近驾驶一架DC-3飞机做练习飞行，这时无线电呼叫："沃森机长，立即着陆。"

　　在机场，有一位身穿外衣、头戴圆顶礼帽的国际商用机器公司的工作人员正在等小沃森。他一见面就说："汤姆，事情不好了。你的孩子病得很重，你父亲叫你，你必须到纽约去。"

　　小沃森跑步回到DC-3飞机上，一个小时后他在拉瓜迪亚机场降落，奥丽芙正坐在墙边，老托马斯站在她的身边。小沃森这才知道，孩子已经死了。当时护士推着小车带他上公园，他是在睡眠中死去的。奥丽芙悲痛欲绝。

　　小沃森把孩子葬在威斯特切斯特县长眠洞墓地，小沃森在那里买了一块地，一直是空的。在冬日的正午，小夫妻俩和父亲看着那个小棺材放到地下。

　　小沃森把奥丽芙带到佛罗里达州杰克逊维尔附近的一个军人疗

养地。夜间列车上，他们坐在一起，深感悲痛。

此后，福利特进入美国国防部的军事中心五角大楼，担任空军督察职务，主要负责解决空军中出现的特殊情况。

有一天，福利特把小沃森找来，他用炯炯有神的目光凝视着小沃森好一会儿，这才说："你还愿意继续在我身边工作吗？还是当驾驶师。"

小沃森在与福利特长期工作中建立了深厚的友谊，他当即表示："我当然愿意。"

福利特接着说："当然，进了五角大楼，你还有另外的职责，我将会提名让你担任技术督察。你需要到各个空军基地巡视，检查飞机的保养情况。"

小沃森心领神会地说："我明白，没问题。"

说完，情同父子的两人相视而笑。

从此，小沃森不但飞往美国各地执行督察任务，还协助福利特对空军中存在的一些欺骗和偷窃行为进行调查。后面这项才是真正困难而艰巨的任务，小沃森经常接触到各种各样的人物，也遇到一些五花八门的事，但这更锻炼了他与形形色色的"人"打交道、斗心眼的本领。

小沃森也更认识到了"人"的复杂性，其中包括他自己。他认识到自己缺乏耐性，如果不能从多种不同的角度证实一个案件，就会有人在一些技术性问题上大做文章。

有一次，小沃森已经使当事人全部招供，即使如此，案子还是被推翻了，辩护人争辩说："沃森督察草率从事，并且威胁当事人。"

1944 年 3 月，在小沃森 30 岁生日后不久，他的儿子出生了。

他和奥丽芙都为又有了孩子而深感幸运。

有一次，小沃森处理一件高级军官受伤的飞机坠毁事件。案件的受害人是一个叫恩特的空军将军，他是一个真正的英雄，曾领导了对罗马尼亚普洛那什蒂油田的轰炸。

事发时，恩特正准备从科罗拉多州的斯普林斯飞到圣安东尼奥，他的副驾驶师生病了，他要求基地司令换一个人。来的是一个新手，恩特没有把操作程序向他解释清楚。

当他们加速准备起飞时，恩特开始自哼自唱，还边唱边点头打拍子。新来的副驾驶师认为他是在命令抬起着陆杆。通常驾驶师会在飞机起飞后，才做一个姿势并大声说"抬起杆"。

副驾驶疑惑地看着恩特，当看到将军第二次点头时，副驾驶师以为他再次示意，于是就把着陆杆抬了起来。他们的速度太慢无法起飞。飞机的腹部碰到地面，靠恩特一面的一个螺旋桨由于巨大的撞击从引擎上脱落，插到机身上，也插入了恩特的背部，弄伤了他的脊骨，导致他瘫痪了，再也无法站起了。

小沃森面对这种低级错误，就质问副驾驶师："你明明知道飞机不能起飞，你为什么还把着陆杆抬起来呢?"

副驾驶委屈地说："我想是将军要我那样做的! 我的职责是服从命令。"

由于工作原因，小沃森与福利特将军的上司哈普·阿诺德有了接触。

有一次，阿诺德命令小沃森找一架轰炸机为参议员哈里·杜鲁门提供旅行服务。当时杜鲁门负责战备委员会，他和他的同事正与空军作对。这个委员会巡视一家轰炸机工厂，发现飞机因为某个部件短缺停在生产线上，杜鲁门就在报纸上指责空军。

阿诺德对此非常不满，让小沃森想办法处理一下这个问题。他告诉小沃森："杜鲁门正在他的老家密苏里州的独立镇访问。"

于是，小沃森找了一架由一个驾驶员就能安全驾驶的 B-25 双引擎中型轰炸机飞往密苏里州。

最后，小沃森在教堂晚宴上找到了杜鲁门。小沃森本来认为在外面等一下可能更好，但当空军的指挥将军给他下达命令时，他就要奉命执行。于是小沃森穿过正在品尝鸡肉和豌豆的所有人，走到杜鲁门面前，拍了一下他的肩膀。他看了一下四周问道："什么事，少校？"

小沃森说："杜鲁门先生，我知道现在不是谈话的时候，但我带来了阿诺德将军的口信和一架飞机。我不知道能否为你效劳？"

杜鲁门马上说："那很好。我明天要上芝加哥，10 时在独立镇飞机场等我。"

第二天，杜鲁门夫人和女儿玛格丽特来为他送行，她们非常和蔼可亲。小沃森带他们参观了 B-25 飞机，然后杜鲁门向家人道别。小沃森驾机送他到芝加哥。在中途机场降落时，小沃森问杜鲁门："能否占用您 10 分钟时间？"

他们走进一家饭馆，要了咖啡，坐下来。

杜鲁门问小沃森："请问有何贵干？"

小沃森说："先生，空军的确碰到了困难，无法完美地使生产运转。但杜鲁门委员会总是公开对我们说三道四，并没帮助。我带给你的口信是，您能否关注一下其他战备服务，然后再来找我们？"

杜鲁门并没有生气，他态度还相当诚恳："哦，是这样。不过我得到的消息是，你们的组织是最差劲的。但告诉阿诺德将军我已得到他的口信。非常感谢！"

小沃森把这一答复带回到华盛顿，阿诺德和其他将军们都非常高兴，因为小沃森在短时间内完成了许多工作。

　　随着与越来越多不同类型的人熟悉，小沃森感到，要把事情做好，你就必须与几乎所有人相处。如果你不喜欢与你一起工作的人，你最好不要表现出来。

　　在五角大楼里，小沃森学会了要做一个好的领导，就要实现平衡，即要求比大多数人所要求的略高一点，但不能让人认为自己爱找麻烦。

飞越驼峰支援中国

1943 年初，福利特将军建立了空军督察办事处不久，便被派到英格兰执行一项机密任务。他亲自参加了对德国的轰炸。但他写出作战报告后不久，就犯了心脏病，原因是在缺氧的高空待的时间太长了，严重损害了他的心脏。当时他只有 52 岁，但空军部门还是让他退休了。

小沃森最敬爱的老上司离开了，这让他心里很不是滋味，他经常回忆起两个人在一起的时光，对这个如父亲一般的忘年交充满了眷恋。

新来的朱尼厄斯·琼斯将军与福利特正好相反，是一个非常严厉、呆板的人。他考验过小沃森的技术之后，也很喜欢小沃森，就问能否继续充当他的驾驶员。

小沃森感觉琼斯是一个非常古怪的老头，他行动缓慢，甚至有些笨拙，行事呆板教条，而且没有一丝幽默感，所以从心里一点也不喜欢他。

琼斯在飞机上总是做些出人意料的事情，他总是坐在驾驶员的位置上问："我现在该干什么，沃森?"小沃森不得不一边随时盯着他，一边驾驶，防止他做出危及大家生命的事来。

有一次，在起飞时，飞机还没有加速到足以起飞的速度，琼斯就突然想让飞机升空，小沃森只好使飞机继续留在地面。有时着陆时他会说："放下着陆杆，沃森。"

小沃森就会指出："我们的速度是每小时 180 英里，将军! 如果飞机以这样的高速度着陆，大风就会把轮子刮掉。"

小沃森不知道与琼斯争吵了多少次，琼斯开始依赖他，也开始不讨厌他了。整整两年，小沃森就停在少校的军阶上不动。但琼斯却仍然不让小沃森调走。小沃森感到十分压抑，一直想离开琼斯去参加战斗。

1944 年，小沃森与琼斯一起前往视察战争期间最著名的空中运输行动。当时日本已占领了缅甸和大部分中国沿海，美国飞行员必须从印度的阿萨姆山谷起飞，飞越世界之巅喜马拉雅山，把盟国的供应物资运到中国内地的昆明。这就是著名的"飞越驼峰"行动，也是可以想象到的最危险的航线。

在喜马拉雅山超常的高海拔之上，天气非常恶劣，可怕、反常的暴风把飞机刮得上下颠动，引擎会结冰停止运转或着火，因此很多飞机坠毁。此外，还得常常面对日本人的战斗机。但尽管如此危险，这条航线仍然十分忙碌，飞行员有时在一天内来回两趟飞越驼峰。

阿萨姆山谷的 6 个空军站的跑道是用碎石铺成的，非常原始。其中只有一条跑道是在战前铺设的，其他都是在 1942 年"飞越驼峰"行动开始后才在地面开出来的。修跑道的都是民工，是从茶叶种植园征募而来的一家家人，他们几乎没有任何建筑工具。妇女们用铁锤敲打着巨大的岩石，制造跑道用的碎石，她们头顶篮子把碎石运到铺设跑道的工地。

为了使飞机能飞行，机械师必须进行维修保养，在如此恶劣的地方实际上是不可能的。他们夜以继日地干，他们顶着烈日在高温下更换引擎，或者冒着风雨进行大修。

小沃森到达阿萨姆时，雨季刚刚开始，但飞行行动照常进行。飞机每天16小时在乌云和大雨中起飞、降落。

小沃森从小就喜欢做新奇、冒险性的事，因为虽然不是他正式工作的一部分，但他终于找到机会参加了一次飞越驼峰飞行。与小沃森一起飞行的是一位名叫卡彭特的年轻机长，他的任务是要把4吨油送到昆明。小沃森担任副驾驶员。

出发前，他们戴上氧气罩，穿上沉重的靴子，带上降落伞。另外，除了飞行图以外，还带着丝制的地图和钱袋。

小沃森很不解，问卡彭特："我们带这些东西干吗？"

卡彭特解释说："地图上面标明了所有位置，一旦发生战斗，我们被敌人击落的话，将如何走出丛林；而钱袋就能向当地人买东西。"他接着说："也有可能我们用不到这些东西，那就是我们安全返航或者以身殉职。"

听到后面这句话，小沃森第一次真正感觉到了死亡的威胁。

整个飞行路线需要4小时，其中两小时是在日本控制线内。黎明前，他们就在黑暗和大雨中起飞了，艰难地越过高高的山脊，根据指令在21000米的高度飞行。天亮后，可以看到下面一块块土地。多亏有不少浮云帮助，他们才躲过了日本人的战斗机。

第三次看到中国，小沃森感到十分亲切。虽然这一地区是被日本人占领的，昆明机场到处都被日本人炸得千疮百孔，但小沃森可以看到下面一些孤零零的小山谷，每一寸土地都精耕细作，一座座茅屋整齐地排列开来。

他在昆明的跑道降落，把运来的油交上去。军方一边接收物资，一边忙着修补弹坑。然后，卡彭特带着小沃森到机场边上一家非常原始简陋的饭馆。刚一进门，店小二就跑了过来，用不伦不类的英语打着招呼说："Eggis，eggis。"

小沃森被这种问候弄糊涂了，他问卡彭特："他在说什么？"

卡彭特说："他是说鸡蛋。他们只有鸡蛋供应。"

小沃森念叨着："eggis。"自己也不由得笑着说："好吧，那就吃鸡蛋吧！"

小沃森总共吃了8个，他在吃惊之余猜想，自己可能是担惊受怕饿坏了。

在飞回印度的途中，卡彭特让小沃森驾驶。他们抵达阿萨姆时，小沃森做了一次非常出色的着陆，这给了他一种胜利的喜悦："我已经飞越驼峰了。"

那天晚上，小沃森激动得迟迟无法入睡，他兴奋地回味着这次飞行中的一幕幕，甚至想象："如果我自己指挥其中的一个空军站，参加各站之间的比赛，看看哪一个站每个月把最多的供应物资运到驼峰的另一边，那该多好啊！"

几天后，小沃森再次飞抵昆明，找到了美国空军第十四师师长陈纳德将军，要求参加战斗。陈纳德在航空界以建立了著名的飞虎队而闻名。这是一支由美国空军飞行员组成的飞行中队。早在美国参战前，他们就悄悄进入中国对日作战。

珍珠港事件后，飞虎队被吸收进美国空军，陈纳德重又加入现役。这支中队逐渐扩大成为一支完整的空军力量，甚至单独对日本发动了一次空袭。

小沃森见到陈纳德时，他正在生病，躺在小屋内，一位护士守在他的床边。

陈纳德非常欣赏小沃森的勇气，他问："你真的愿意加入飞虎队?"

小沃森当即回答："我非常愿意，陈纳德将军。"

陈纳德欣慰地说："我们需要像你这样的人。我将提出请求。"

但大约一周后，琼斯却回答小沃森说："我接到了要你的请求，但我拒绝了，因为你在这里太重要了。"

小沃森本来可以进一步要求，但正好有机会参加另一次运送伤员的飞行，使他暂时放弃了继续争取加入飞虎队。

这次行动需要沿着一条新航线飞行，穿越一系列山口，进入盟军正在对日作战的缅甸，把那里大批盟军的伤员和患有痢疾与伤寒的危重病人运送出去。

航线与滇缅公路平行，是一次超低空飞行，与飞越驼峰同样危险。它的终点是一座丛林机场，刚刚被史迪威将军领导的中美联军占领。

他们在恶劣的气候中起飞，这种气候在美国是不能飞行的：地面与云层之间的高度只有300米，能见度只有一英里。当泰勒和他的副驾驶师带着小沃森他们飞过第一个山谷时，他们飞得很低，简直就是在地面飞行了。

泰勒非常了不起，无论在如何恶劣的气候和极差的可见度下，他总是能够及时地掌握大家所在的位置。每过几分钟他就会告诉大家，前面是一条道路或是一座村庄。小沃森对他这种本领佩服得五体投地。

但当进入山口最狭窄的地方时，他们碰到了浓雾。飞行高度不到100米，小沃森甚至惊恐地感到末日就要来临了，于是在泰勒的座位后倒下了，等待着飞机坠毁。

泰勒回头看了小沃森一眼说："你怎么了？能勇敢一点吗？"

他们在大雨中翻过了最后一道山脊，在这之后云层升到了约400米，飞机就在云层下飞行。小沃森看到了一个非常翠绿、茂盛、平坦的山谷，还有一些被打下的DC-3型飞机的残骸。最后他们开始盘旋。

小沃森这时问："你怎么知道前线在什么地方？"

泰勒说："哦，它们经常在变动。但日本人只有短距离武器向我们开火，因此不用担心。"

最后他们终于着陆了。这里离前线很近，能听到枪炮声。那里的情形惨不忍睹，热带丛林里充斥着难闻的气味和飞舞的苍蝇，加上那些浑身肮脏的伤员和病人，到处都笼罩着死亡的阴影。小沃森尽量忍着不呕吐出来。那天他们飞了两趟，运出了28个人。

这次飞行对小沃森而言已经够了，经历了战争的洗礼和死亡的考验，他已经彻底脱胎换骨，被战火锤炼成为一名无所畏惧、成熟果敢的军人。他毫无遗憾地离开了阿萨姆山谷，飞回到地中海。

丰富的经历是小沃森取之不尽的人生财富。每当想到刀光剑影、艰苦卓绝的战争岁月，小沃森就会无限感慨，他庆幸现在的和平生活。至于对未来经营生意之类的事，他认为不过是生存技巧罢了，抱着无所谓的态度。

战后决定重返公司

在战争大部分时间里，小沃森把国际商用机器公司搁在一边不去想它。父亲和他每年见几次面，却从不讨论商业上的事情。

但是小沃森却并没有完全避开国际商用机器公司，当时整个军队开始靠国际商用机器公司的打孔卡运作，很多事情必须就在战场上记录下来。战争快结束时，小沃森到从日本人手中收复回来的太平洋珊瑚岛，发现那里有一支机动打孔队。这些是小沃森的弟弟迪克的发明，战争结束时他已是军需部队的上校，他在战斗区把打孔机放在军用卡车上使用，国际商用机器公司的打孔卡记录了轰炸的结果、伤亡人数、战俘人数、失踪人数和供应情况。

还有一些国际商用机器公司的机器在许多机密部门得到应用。中途岛海战前，他们的仪器被用于破译日本人的密码，在海上搜寻德国人的 U 型潜艇。总之，为军队生产机器和国防供应品已足以使国际商用机器公司的工厂把生产能力扩大到顶点。

但国际商用机器公司还被要求生产军需品，如战斗机上的机关枪、陆军的卡宾枪、轰炸机上的瞄准器、防毒面具和其他 30 多种作战用品。为此，老托马斯在波基普西建立了一个新厂，并把在恩迪科特的工厂扩大了一倍。

到战争中期，国际商用机器公司所属工厂的 2/3 的生产能力完全投入到生产军需品中。单靠这笔生意就能赚上数千万美元，但老托马斯出于道义观念和对公司形象的考虑，他对靠生产军用品赚钱很敏感。他不想公司被人指责为发战争横财。

因此他规定，国际商用机器公司生产军需品的利润不得超过 1/100，公司在战争期间每一年的利润保持在 1940 年的水平。同时，老托马斯还把代表战争期间业务扩大的那一部分拿出来，设立了一个基金，帮助在战斗中遇难的国际商用机器公司雇员的遗孀和遗孤。

第二次世界大战也把国际商用机器公司推到了真正大企业的行列。尽管利润没有提高，销售额却增加了 3 倍。

至 1944 年，盟军胜利的迹象越来越明显，老托马斯竭尽全力支持参军服役的国际商用机器公司雇员。他为每一个服役人发相当于平常工资 1/4 的钱。每到圣诞节，他总要为大家寄上一盒食品和礼物，平常就寄毛衣或手套。他这样做，是出于长远考虑，希望这些熟练雇员回公司来。

小沃森也得到了同样的待遇，无论他到什么地方，公司的报纸《商业机器》每周总能送到他手中。这份报纸上登满了国际商用机器公司如何支持美国参战的消息。

小沃森总是拒绝父亲要他到恩迪科特参加各种庆祝的邀请。他与福利特工作的时间越长，就越想把空军作为自己毕生的职业。

前线捷报频传，胜利已成定局。小沃森完成工作回华盛顿的途中，就开始认真考虑战后的去向。他仍然没有考虑加入父亲的工作人员的行列，他已经满足于靠自己完成工作，而且他太热爱飞行这项事业了。

因此小沃森决定，希望自己拥有并管理一家小型的航空公司。

1944年8月，小沃森请假到纽约，告诉父亲："爸爸，我不准备回国际商用机器公司了，我想继续当飞行员。"

出乎小沃森预料的是，父亲对此非常冷静，他并没有多说什么，而是让弗雷德·尼克尔帮小沃森在民用航空界找机会。

尼克尔马上开始行动，他首先写信给联合航空公司负责人帕特·帕特森，因为帕特森与老托马斯很熟。尼克尔告诉他："沃森先生的儿子想当飞行员，并想最终进入管理层。"

不久小沃森就收到了帕特森的信："战争结束后再来找我。"

父亲并不反对，他根本没有对小沃森施加任何压力。这反而让小沃森心里不安："我是不是太让父亲失望了？他肯定会为我不愿意回国际商用机器公司而伤心。但他却为什么不阻拦我呢？是不是我疏忽了什么东西，可能是父亲另有用意？"

1945年春，小沃森回到华盛顿。退休后在一家公司担任副总裁的福利特正在华盛顿出差，于是小沃森请他到自己的公寓，与一家人共进晚餐。

小沃森开车到五角大楼等着福利特，然后带着他开车回家。在路上，福利特问："沃森，战争结束后你准备干什么？"

小沃森回答说："将军，我还是想继续飞行。我要在联合航空公司当飞行员。"

小沃森本来想福利特会鼓励他说："那是一个好的选择，你的飞行技术很出色，肯定会做好。"

但福利特却说："真的吗？我总认为你会回去管理国际商用机

器公司。"

小沃森顿时目瞪口呆。他闷头开着车沉默了好一会儿，才问了一个问题。这个问题自他还是 12 岁的小男孩时哭着回家那次起就已埋藏在心底里："将军，你认为我有能力管理国际商用机器公司吗？"

福利特肯定地答道："当然了。"

吃饭时，小沃森一边摆弄饮料，一边心里不断地想着他们的谈话。把福利特送回旅馆后，小沃森把车停在路上，自己在车里呆坐了半小时。

出于对福利特父亲一般的尊重，小沃森认真评估他所说的话。他认为将军说的是心里真实的看法。

回家之后，小沃森对奥丽芙说："福利特将军认为我能管理国际商用机器公司。"

奥丽芙似乎没有听到，她长时间一声不吭。

小沃森只好明确问道："奥丽芙，你对这件事怎么看？我希望听听你的意见。"

奥丽芙思索了一下，用一个比喻说："汤姆，你是一个贪玩的男孩子，很难相信你真想干这件事。但当你把心思集中在某件事情上的时候，我从未看到你失败。"

这句话真是一语中的，小沃森终于意识到，自己到空军后确实发生了令人吃惊的变化，已经不再是以前那个只知道调皮捣蛋搞恶作剧的大男孩了，态度大大改善了，能力也大大提高了。而且，有种个性的力量能使别人听取自己的意见，只要事前考虑清楚，就肯定有能力公开演讲和书写条文。这些也都是在福利特的领导下开发出来的能力。

小沃森心中充满了前所未有的自信，他马上做出了决定：去纽约一趟。内心的激情促使他马上打电话给父亲："我想在某个周日回来见见大家。因为，不瞒您说，如果您要我的话，我可能会回国际商用机器公司工作。"

　　这是老托马斯等待了多年希望听到的话，他虽然极力压抑着内心的喜悦，但声音中仍然能听出充满了温暖和幸福："非常好。我很高兴，儿子。"

　　无论怎么说，小沃森最终选择了回归国际商用机器公司，也许这正是他内心里最真实的渴望，而飞行只是一种兴趣。事业与兴趣对一个成熟的男人来讲，是必须要分清的。

引领公司进入电子时代

1946年，新年过后的第一个工作日，小沃森正式到国际商用机器公司报到。为了表示这一崭新的人生开端，他特意穿上了国际商用机器公司员工标志性的深色西服套装和白色的硬领衬衫，而且还打上了领带。

回到国际商用机器公司，小沃森的目标当然是奔着最高职务，并希望有一天能取代父亲的位置。但是，老托马斯早在去年9月就将原来的二把手弗雷德·尼克尔换成了一位精明强干、冲劲十足的新人查利·柯克，担任执行副总裁。这让小沃森吃了一惊。

查利·柯克只有41岁，他与老托马斯一样出身于贫苦家庭，也是凭销售起家，进入国际商用机器公司后先是做分部经理；战争爆发后，父亲将他派往恩迪科特，在那里主持一个成功地迅速发展的工厂。他一步步取得老托马斯的信任，最终顶替了尼克尔的位置。查利干起活来废寝忘食，咄咄逼人可又极受手下人的欢迎。

不仅如此，小沃森还发现，好多原来国际商用机器公司的老员工都不在了，换成了新面孔。

小沃森由父亲带着去查利的办公室，把他介绍给查利，并说："你的工作就是做查利的助手。"

小沃森对父亲这种安排很不舒服，他本来估计父亲会给他安排一个经理或者其他领导职务，不料却仅仅是做一名"助手"。

小沃森过了好几天才调整好思绪。他知道这并不像听上去那样令人扫兴，因为"助手"这个头衔在国际商用机器公司有着特殊含义，他想起了父亲经常说的："经理应将自己视为雇员的'助手'，而不是他们的老板。"

到第二个周末，小沃森就弄清楚了，父亲与查利的关系非同一般。在那天开会时，老托马斯招呼查利过去同他一道坐在后排，两个人头凑到一起，用手挡着轻声交谈。

自从小沃森进入国际商用机器公司后，查利对他很好，不遗余力地教他熟悉业务。当小沃森来到查利办公室报到时，查利热情地拖过一把椅子来，放在办公桌前，对小沃森说："我在工作时没有时间解释我所做的一切，但你就坐在这儿，只需看着就会明白了。"

就这样，一连几个月，小沃森每天坐在那里，看着查利工作，出去开会时他也跟着一道前往，一起参加各种活动，一起研究问题，可以说形影不离。

小沃森看到查利所做的一切，慢慢也学会了如何决策。因为查利极擅长迅速决断，而且多数决定都是正确的。如果有了这样的经验和敏锐的直感，就能迅速作出决策。

小沃森在查利身边观察着，他发现，查利也知道什么时候不该仓促行事，尤其是一件事如果处理不当就会危及国际商用机器公司的声誉或者招致诉讼纠纷的时候。

小沃森感到，他从未见过像查利这样令人赞叹不已的工作者，这使小沃森比在公司任何地方都能更好地全面了解公司的各个方面。直至此时，他才感受到了父亲的良苦用心。

当时，国际商用机器公司面临着一个重要的问题。战争结束了，不再需要那么多的军工厂，而那些战时入伍、战后返回国际商用机器公司的员工就有失业的危险。

老托马斯不打算使国际商用机器公司的规模缩小到战前水平。那样就得解雇新雇员，卖掉他的新工厂，对许多新近复员的老兵关上大门，而他总感到对那些老兵有着不容推卸的义务。

更麻烦的是，那些战争中租赁给军队的机器，战争一结束就会退回来，这无疑也将大大影响公司的收入。

国际商用机器公司不得不想方设法使销售额达到相当于战前的3倍。这也让一贯乐观的老托马斯忧心忡忡。

早在1944年一次会议上，老托马斯就考虑说："假设欧洲的战争在3个月内结束，我们能拿到哪些现在没有的订单?"工程师们举出正在开发的机器的名称，但没有哪件开辟出了新的领域。

老托马斯说："我必须寻找新的生意，不然的话，谈论让所有雇员全时工作是没有用处的。说着容易做起来难，昨天晚上因为考虑我们该怎么办，我好长时间睡不着觉。从现在起，所有工程师必须加快进度。"

按这种情况看，除非国际商用机器公司能够找到大批的新客户，否则库房里将堆满不再挣钱的旧机器，而工厂也将无事可做。面对可能出现的灾难，老托马斯首先想到要雇用更多的推销员。而小沃森回到国际商用机器公司时父亲向他建议要做的正是这件事。

小沃森决心尽全力帮助父亲，使国际商用机器公司在每个州首府都建立一个办事处，包括查利在内的每一个人都在竭尽全力地尽快扩大销售网。

出乎所有人的意料，国际商用机器公司不仅没有在战后受到冲击，反而收到了潮水般涌来的订单，战后萧条并未出现。小沃森分析原因：战争期间受到抑制的消费品如汽车、住房、家用电器和服装等的需求量大幅增加，使美国经济一片繁荣。

这种情况，反过来又推动了相关的服务行业如银行、保险和零售业，也得到了极大的发展，而他们正是国际商用机器公司最大的顾客源。

突然之间，这些行业记账和数据统计的需要迅速增加。国际商用机器公司的机器卖得很火，必须加快速度努力才能赶上需求。这时，查利每天要工作16小时。

3月的一天，小沃森第一次同查利一道出差，他们去拜访宾夕法尼亚大学的电子数字积分计算机实验室，人们叫它"埃尼阿克"。

这是一台最早期的计算机，外形庞大、原始，用于解决科学问题。那台机器刚刚投入使用，它的发明者是宾夕法尼亚大学莫尔学院的约翰·莫齐利教授和他的学生普雷斯波·埃克特。他们经过3年的研制，用电子线路取代制表机中采用的那类电机继电器，从而实现了重大突破。这也使他们名声远扬。

老托马斯在战争后期听说了埃克特和莫齐利的事，当时，海军要求国际商用机器公司提供打孔设备，来协助"埃尼阿克"输出输入数据。当时对它飞速运算的能力有许多宣传，使查利感到好奇，他想去看看。

另外，埃克特和莫齐利正在谈论申请专利。国际商用机器公司的律师担心，如果电子计算机计划取得进展，国际商用机器公司可能要支付大笔专利使用费。

实验室是在莫尔学院的一间大地下室里。小沃森一走进去，就感觉到了扑面而来的滚滚热浪。他不由疑惑："这才 3 月份，怎么会如此热呢？"

于是小沃森问埃克特："为何会这么热？"

彬彬有礼的埃克特解释说："因为这间屋里有 18000 只真空电子管、70000 个电阻和 10000 个电容。实验室里没有空调。"

小沃森看着机器感叹说："它可真是个庞然大物啊！"

埃克特也说："是啊，这家伙足足有 30 吨重，几乎占满了整个实验室。"

小沃森又问："那机器在干什么？"

埃克特说："计算弹道轨迹。"

他为了解释清楚，就坐下来，拿出一支铅笔和一张纸，画出炮弹在空中运行的曲线。他解释说："你看，为了最大限度地利用大炮，必须计算出炮弹在飞行过程中每一瞬间的位置。这要进行大量的计算，而'埃尼阿克'很快就能完成。"

小沃森追问道："那到底有多快？"

埃克特想了一下说："实际上比炮弹飞行的时间还要短。它用两小时解决的问题，一个物理学家需要 100 年。"

这真令小沃森惊讶不已，但他说："但我想，如果作为商品，它恐怕还没有市场。"

埃克特却告诉小沃森："不，计算机是未来的浪潮。我和莫齐利将为'埃尼阿克'申请专利并投入商业。"

小沃森说："你们的主意很不错，但是你们的钱很快就会花光。为客户生产这些东西是很费钱的。"

在从费城回纽约的火车上，小沃森问查利说："你觉得'埃尼阿克'这东西怎么样？"

查利说出了与小沃森一样的想法，他说："那东西虽然速度很快，但是太笨重、太昂贵了，而且用了那么多的电子管、电阻和电容，运行的稳定性和质量就很值得考虑。谁会去冒这个风险呢？我们永远不会利用这样的东西。"

几个星期之后，小沃森和父亲在公司总部转悠。在大楼的一处，小沃森无意中看到门上挂着"专利开发"的牌子。里面，国际商用机器公司的一名工程师将高速打孔机接到一个一米高、带黑色金属盖的盒子上，它看上去像个行李箱。

小沃森问道："这是干什么用的？"

工程师说："用电子管做乘法。"

那机器在列工资单：工资乘上工作时数，减去社会福利、退休和医疗等项扣除，最后是每个工人的实发数。

小沃森看着机器工作，并问："它算得快吗？"

那位工程师说："干得极快，计算时间只有打孔机打出一页所需时间的 1/10。那箱子 9/10 的时间在等待打孔机，因为电子部分运行极快，而机械部分极慢。"

这事给了小沃森当头棒喝，因为乘数器看上去并不复杂。

父子俩离开屋子，小沃森说："那东西真神，用管子做乘法得出结果。爸爸，我们应该把这东西推上市场！即使只能卖上几台，但我们也可以宣传说，我们有世界上第一台商用电子计算器。"

老托马斯立即指示加紧这种机器的研发。

那年 9 月，国际商用机器公司在《纽约时报》上做了一整版的广告，宣布被称为"国际商用机器公司 603 电子乘法器"的机器诞生。

电子是一个新兴领域，电子产品也是人们眼中的时髦货，而且它比埃尼阿克的体积要小得多，使用起来也更为方便，所以深受广大用户的欢迎。

603机迅速风行起来。原本只是希望能租出几台，使广告费不白花就不错了，然而大客户却急于涉足电子器具，结果在短短的时间内就售出了上百台。这种成绩出乎了国际商用机器公司全体人员的意料。

一年后，国际商用机器公司继续改进，生产出了换代产品国际商用机器公司604型，使机器不仅会乘还会除。而用机械手段做除法，成本高得令人望而却步。到这时，电子计算器变得真正有用了。604机卖出了几千台。

从此，小沃森引领国际商用机器公司正式由机械领域转入电子领域，国际商用机器公司也进入了电子计算机时代。

与查利产生严重分歧

在小沃森进入国际商用机器公司后，与查利在一道工作了几个月后，他给小沃森留下了深刻的印象。

查利就像一台永动机。在这段公司蓬蓬勃勃大发展的日子里，小沃森看着他组织队伍，雇用、提升、调动大批的经理。他对工厂生产知之极深，老托马斯一直把查利作为员工的表率，他要称赞某位工厂经理的工作，都会说："这活儿像查利干的。"

查利在推销员和客户中间也极有人缘，他还是个有才华的钢琴演奏者。他给予了小沃森很大的帮助，小沃森也从他那学到了很多东西。小沃森对查利十分感激。

1946年4月，小沃森跟着查利一道工作了差不多4个月的时候，查利突然得了阑尾炎，6个星期没有上班。

这段时间里，小沃森仍在查利的办公室里，根据前段时间掌握的情况，他也学着查利的样子，处理了许多事。一是因为小沃森是查利的助手，再者因为他是总裁的儿子。

处于那样的地位，引起了小沃森参与经营的欲望。他开始喜欢决策过程：既肩负重任，又有机会在事后看到决策正确与否。小沃森不仅把工作处理得井井有条，而且还与同事之间建立了良好关系，同事们都感觉与他打交道比同老托马斯打交道更容易。

老托马斯大部分时间都在到处奔波，他为儿子的运筹帷幄感到欣慰，并在 6 月份使小沃森当选为副总裁，当时小沃森只有 32 岁。

老托马斯的手下立刻把小沃森的照片挂上了一次国际商用机器公司促销活动的横幅。这次活动的口号是："让我们为新的副总裁打破所有纪录。"

也就在这个月，查利回来上班了。小沃森像在空军时对待上级那样，把所做的决定都以备忘录的形式写下，放在查利的桌子上："在你不在的时候，出于以下原因我们做了下列事项……"

查利大吃一惊。刚开始他还把小沃森当作一个吃老子饭的花花公子，并没放在眼里，而这时不得不对他另眼相看，开始担心他的位子是否坐得稳，并在心里暗暗地把他当成了竞争对手。

10 月，当 603 机问世并获成功后，小沃森又被选入董事会，这更使查利如坐针毡。但查利心里还是有优势的："也许他会栽跟头。或者老头子死时，我可以直接游说其他董事而当上一把手。"

小沃森这时还是查利的助手，但现在有了自己的办公室以及一个秘书。同时，小沃森不喜欢父亲任由查利频繁调换公司的人员和职务。他觉得，国际商用机器公司在频繁更换人员方面开始显得太不近情理了。

在经商技术方面，小沃森正在慢慢超过查利，这使他们的关系迅速恶化，也从暗地较劲上升到了矛盾的公开化。一个叫哈里·艾勒斯的地区经理就碰上了这样的事。他是一个很有成就、很受欢迎的人，在明尼阿波利斯主持中西部推销区的工作。

1946 年底的一天，老托马斯问查利："将地区总部设在芝加哥是否更合适？"

查利立刻命令艾勒斯行动。

艾勒斯说："这件事我必须先调查一下再行动。"

查利大怒，就将艾勒斯降职去管一个推销办事处，并在芝加哥任命了一个新的地区经理。

小沃森闻讯怒火中烧，因为他知道艾勒斯为人不错。

后来，艾勒斯因为有病和家庭情况不能接受调动。但是查利不改初衷，于是艾勒斯离开了公司。

1947 年 4 月，小沃森再也无法容忍查利了。他告诉父亲要退职。于是，老托马斯和儿子争论起来，最后小沃森冲出门去。为了缓和他们之间的矛盾，老托马斯派他们俩到欧洲去出差，国际商会正准备 6 月份在瑞士的蒙特勒开会。

查利和小沃森都准备作为美国代表参加会议，1947 年 5 月，他们一道起程去了欧洲。会后，他们开始旅游，越过阿尔卑斯山，经过度假胜地里维埃拉到了马赛，然后又沿着卢瓦尔河谷北上巴黎。但是，当他们抵达马赛的时候，因为小沃森想绕道去看个人，查利竟然和他几乎动起手来。

小沃森说："我想这用不了多少时间。"

查利却说："不一定吧，去要一个小时，回来又一个小时。你在跑这段路的时候，车本来可以朝另一个方向开出两个半小时了。两个半加两个半是 5 小时。"

小沃森被查利的胡搅蛮缠气得说不出话来，奥丽芙拽拽他的衣摆，他才忍着闭上了嘴，回到车里。

那天晚上他们到了里昂。深夜，正在熟睡的小沃森被一阵重重的敲门声惊醒。他打开门一看，原来是他的秘书："快，快，沃森先生，查利先生得了重病。"

小沃森赶紧披上睡袍跟他出去。赶到查利房间时，他因为急性心脏病发作已经昏迷不醒。匆忙赶来的医生也没能挽回查利的生命，他不到一个小时就死了。

查利的葬礼在恩迪科特隆重举行。老托马斯请来大群的总裁，有多人致悼词，整个仪式进行了两个半小时。在这样一个重大场合，老托马斯竟然例外地没有讲话。当送葬行列走出教堂时，他情绪极为激动，挤进两个抬棺人中间，亲手扶住棺材的外沿。

积极参加社交活动

自从小沃森进入国际商用机器公司，他感觉每时每刻都会学到东西。父亲经常告诫他："对于一名企业主管，业务之外的活动与真正的业务是同等重要的，它经常会令你获得意外的收获。"

国际商用机器公司的成功有很多因素，其中很重要的一方面来自于老托马斯出色的社交能力。

从很早以前，老托马斯就与罗斯福总统相交甚密，他经常帮助罗斯福接待客人。另外他在艾森豪威尔当选总统中也出了很大的力，正是他当年推荐艾森豪威尔担任堪萨斯州立大学校长的。

虽然老托马斯并不在联合国担任任何职务，但是他利用自己强大的社交网和在国际商界的影响，帮助美国促成了很多事情。连国际商用机器公司的职员们也常常要为联合国大大小小的事务奔忙，从筹划公共教育计划，到为来访的高官显贵安排百老汇演出的座次。联合国最早的两位秘书长赖伊和哈马舍尔德都曾亲临国际商用机器公司的办公室拜会过老托马斯。

他经常参加一些社团的活动，举行盛大的宴会。其实这都是他利用活动来扩大国际商用机器公司的影响，达到促销的目的。

经营国际商用机器公司，可能只用去了老托马斯一半的精力，其余时间他都用于从事社会活动。当老托马斯出席各种大型活动的时候，他都热情地同每一个认识的人打招呼，向每一位国际商用机器公司员工及家属致意。他有时一晚上甚至要会见400多人。

老托马斯还非常注意结交上层人士。他闲下来的时候，经常拿着报纸仔细琢磨，当发现有什么人做出了什么好事时，总会火速发去贺信或贺电。其实这些人有的与他并不是十分熟悉。但这种做法往往会收到特效，给别人留下深刻的印象。

老托马斯还喜欢把国际商用机器公司出版的杂志寄给那些在刊物中出现的名人。

不过，老托马斯大多数的社会活动都是出于关心人类利益的真诚愿望。他在《思考》杂志上发表过一系列令人回味的社论，在其中的一篇里，他把联合国喻为人类"入学第一天"。

他说："全世界所有的人都应明确懂得，这是有史以来最最重要的一次国际会议。"

1946年，丘吉尔也在佛罗里达找上了正在那里度假的老托马斯。随后，丘吉尔在密苏里发表了著名的演讲。

在国际商用机器公司，每个办公室里都挂着老托马斯的照片。他在世界各地的国际商用机器公司分公司组织庆祝公司的各种活动。

老托马斯已经70多岁了，随着他年事已高，歌曲、颂扬、照片和阿谀奉承愈发出格了。直至20世纪50年代中期，他个人的名气仍然比公司大得多。

与国际商用机器公司打交道的是其他企业而不是顾客，因此它远不如"福特"、"都会人寿"等名字那样家喻户晓。《星期六晚邮报》一类销路甚好的杂志撰写有关国际商用机器公司的文章，重点总是放在老托马斯及他使成千上万人步调一致地前进的成就上。

尽管小沃森并无与父亲齐名的妄想，却也希望有朝一日能在世人面前代表国际商用机器公司说话。因此，随着在公司地位的日渐上升，他也开始应对大量的应酬，并广泛结交朋友，以建立起自己的威信。老托马斯也积极帮助儿子广结善缘，策划寻找各种与社会交往的机遇。

有一次，小沃森接到时代公司总裁罗切·拉森的电话，让他参加1948年纽约市联合基金的筹款活动。这时小沃森对社交活动还是个外行，他的第一个反应是想说："我又不住在纽约，为什么要我干?"但他马上意识到，这可是一位名人，跟他相处可以学些本事，可以结识参与这项活动的名人要客。

结果不出所料，在此后的几年中，小沃森又先后被邀请参加了纽约男童子军委员会和联合国协会，在美国推动联合国的事业。

其实，小沃森极不善应酬，对当众讲话、出席宴会、在酒会上闲谈这类事很发怵。然而即使自己不喜欢自己出席的会议，每次本子上也总要记一大堆名字，并为每一个认识的人建立了一份个人档案，包括姓名、配偶姓名、地址、电话甚至性格爱好等。

每当别人介绍小沃森认识了一个生人，他常会于事后寄去一封便函，说很高兴能认识他；如果新相识表现出对某一问题有特殊兴趣，小沃森就会把与之相关的书寄给对方一本。这样能让人记上好几年，他也渐渐地赢得了很多人的好感。随着交际面的扩大，小沃森不再感觉那么勉强，也更加认识到广结善缘的好处。

有一次，在纽约的一个男童子军午餐会上，小沃森正好与杜威州长邻座。他马上主动伸过手去对杜威说："你好，我是小托马斯·约翰·沃森。"

杜威为小沃森的大方友好而赞赏，他咧嘴笑道："嗳，你用这种开场白可是给人帮大忙。要是上来就说'你好，杜威州长'，我也闹不清你是谁，还得自己瞎嘀咕。吃饭的时候你注意一下，准会有人过来对我说'嗨，汤姆！玛丽问你好呢'之类的话，我很可能根本不认识他，也不知这个'玛丽'是谁，只能坐在这儿犯傻。"

小沃森以为杜威说笑话呢，但果不其然，不一会儿就有一个男人走过来说："嗨，州长。我敢说你不记得我了。"整顿饭不断出现这种事。

小沃森由此得出结论：你一定要让别人知道你是谁。因此，之后在他和不熟悉的人打招呼的时候，总是说出自己的名字。

每当小沃森坐火车进城时，他都觉得火车站的站台是个很有趣的地方，那儿有报纸可买，而且随着熟人慢慢增多，在那儿总能碰见可以打招呼的人。

另外，小沃森还发现，早晨搭早班车的都是一些正在拼搏奋斗的尚未变为成功人士的年轻人，而已经功成名就的有身份地位的人总是在稍晚些时候搭乘火车。于是他也随之调整了乘车时间，并且在列车进站时，他总设法找个单独的座位，或者正好挨着熟人。这样，他在火车上又结交了很多生意人，有广告大亨斯坦利·莱索、中央汉诺威银行的原董事会主席乔治·戴维森等，并且通过这些人结交了更多的朋友。

小沃森在生意场上最好的关系并不是通过父亲建立的，而是通过老弗雷德·尼克尔。尼克尔在退休前，安排小沃森在一个名叫"美国推销经理协会"的组织里接替他的位置。这个协会名气并不大，但在许多行业颇具影响力。

认识到这一点后，小沃森认真按时地出席它的会议。协会的成员包括从各个行业中精选出来的 30 家代表性企业的资深长者，其中有一个搞钢铁的、一个亨氏公司的、一个搞药品的和一个汉密尔顿钟表公司搞钟表的，还有经营房地产的、搞人寿保险的以及搞烟草、油漆的等。

查塔努加可口可乐装瓶公司的头儿、联合航空公司的威廉·帕特森、吸尘器公司的胡佛、录音电话公司的金·伍德布里奇等都是协会的会员。这些人每年两次聚到一起，互相讲述各自在商场中的经验。

小沃森在此学到的管理推销员的经验，比上一百所商业学校学到的还要多。

美国推销经理协会当时还是以年纪较大的人为主，但年轻的一代也在逐步介入。小沃森发现了两个与他同龄的人，第一位是鲍勃·加尔文，他从他父亲手里接管他创办的摩托罗拉时，那还只是个生产汽车收音机的小厂，后来把它办成了一个庞大的电子企业。另一位朋友是查尔斯·琅西，那时被誉为经营"贝豪"的神奇小子，后来当了美国参议员。

小沃森对协会的钟爱表现出他与父亲的不同。大家都知道国际商用机器公司的重要地位。每当大家一起谈论时，总会有人问："汤姆，你是怎么干的？"小沃森就会借机侃侃而谈，一直说到深夜。

小沃森希望能把国际商用机器公司的产品卖给所有企业，所以对各行各业的经营技巧和每家公司的经营作风都设法了解。回到公司时，脑子里总是装满了点子，但绝不透露这些灵机妙想从何而来。

后来，老托马斯见儿子在国际商用机器公司已闯荡多年，觉得已经具备条件可以进入商界咨询委员会了，于是在 1951 年安排小沃森接替了他的位子，以此向世人显示对儿子的信任。商界咨询委员会是新政时期由罗斯福的第一任商业部长丹尼尔·罗珀组织的一个联邦咨询机构，目的是争取商界头头们的合作。

通过这些社交活动的历练，小沃森在社交界大大开阔了眼界，在人们心目中的地位也大为提升。人们开始认识到，老托马斯终究要让儿子接自己的班。当然，人们也在小沃森的表现中发现，他与父亲确实有很大的不同之处。

出任公司执行副总裁

1949 年 9 月，35 岁的小沃森被任命为国际商用机器公司执行副总裁，成为仅次于父亲的公司二把手。

小沃森发现，父亲对国际商用机器公司的几乎所有事情都要过问。直接向他报告的经理多得异乎寻常。这些人各有自己的头衔，有的高，有的低，然而他们都直接向老托马斯报告。因此，老托马斯的门外总是有人等着要见他，有时要等一两个星期。当然，他先挑选召见重要的人。

小沃森提醒说："爸爸，人们会把时间浪费在等候你的召见上。"

老托马斯却说："噢，汤姆，让他们等好了。他们的薪水不错。"

老托马斯每天来办公室的时候，心里总是想好四五件要做的事。这些事可能是他头一天夜里想起来的，可能是在早上刮脸的时候想起来的；也可能是早饭时他同某个人聊天，无意之中使他想起来的什么。总之，他一到办公室，就知道要完成什么事。在一天之中，他会把这四五件事办完。

当老托马斯在外出差或忙别的事情时，有时一连几个星期国际商用机器公司都是自行运转，由副总裁和部门头头做出必要的决定并付诸实施。

小沃森感到，父亲从未正儿八经地教他做生意，而是给小沃森越来越多的自由作出自己的决定，同时，对任何需要他批准的事又从不让小沃森轻易过关，最后他们往往争执起来。

小沃森明白，父亲是想考验他、磨炼他，使他了解取得巨大成功的那种思维过程。他几乎批评小沃森做的任何事情，甚至任何细枝末节都不放过。

小沃森担任了主管销售的副总裁之后，就像父亲当年那样到处奔波，一连几个星期检查各办事处的工作，拜访客户，赞扬和鼓励基层人员。由于公司扩展极快，无数烦琐的问题需要解决。

小沃森成功地实行了一项变革，在设有多个分支机构的城市里派驻担任"国际商用机器公司先生"的联络员。在芝加哥那样的大城市，国际商用机器公司有一家办事处专门向银行销售，一家向政府机构销售，一家向小企业销售，如此等等。

小沃森在工作中喜欢选拔合适的人。在战后纷繁的大旋涡中，他们提升往往很快。国际商用机器公司总是在挑选新的分部和地区经理、助理经理等。这些职务很多都由刚从战场归来的年轻人担任，国际商用机器公司官员的平均年龄很快降到 40 岁以下。

在谁应该提升方面，小沃森从不讳言自己的想法，并且毫不怀疑自己在人事方面有迅速决策以及保证多数决策正确的能力。每当发现那些他认为能对公司的事业作出重大贡献的人，总要激励他们上进。

查利的朋友伯肯斯托克，就是老托马斯破格提升的那个人，在查利死后不久来见小沃森。那时他的处境很糟，由于承担不起总销售经理的工作，在查利死以前就已被降职去主管一个市场研究部门。他知道查利和小沃森是对头，就认为小沃森会对他不利。

　　实际上，小沃森觉得他有许多有利条件：他甚至比查利还要精明，更适应外界的情况，想问题也比较深。

　　当时，伯肯斯托克一走进小沃森的办公室就嚷嚷："我没什么盼头了，总销售经理的差事丢了，现在干着闲差……"

　　小沃森当即对他说："你不要自视过高。当初你有个良师益友，如果他活着，你的日子会好过得多。但是他突然不在了。你是不是想让人觉得你不知如何是好了？如果你能行，那么不仅是在查利手下，在我、父亲或任何人手下都能成功。如果你认为我不公平，那你就走。否则你应该留下来，因为我们这儿有许许多多的机遇。"

　　伯肯斯托克听了，瞪大了眼睛看着小沃森说："你是说我可以留下来，也不会受猜疑？"

　　小沃森肯定地说："我决不会任人唯亲，只看工作能力。"

　　老托马斯手下人中另一个很快变得对小沃森至关重要的人是阿尔·威廉斯。小沃森一直很钦佩他，因为他同老托马斯一样有着同样坎坷艰难的背景。他的父亲是一个煤矿的班组头头，在大萧条时期因为站在矿工一边遭到解雇和排斥打击。

　　就在那时候，老托马斯以美国薪金最高的经理而出名，一天能挣到 1000 美元。阿尔当时正在会计学校学习，从报上看到这条消息，心想："那公司付的薪水可真不少，那儿正是我该去的地方。"

　　小沃森退伍回到国际商用机器公司时，阿尔已在国际商用机器公司干了 5 年，所有的人都认为他很杰出。他的办公室就在小沃森的对面，中间隔着一个大厅。

阿尔一点也不像来自宾州山区小城的人，倒像是耶鲁大学的毕业生。小沃森问他为何如此，他坦诚地说："我发现我所佩服的人常到'布鲁克斯兄弟商行'买衣服，于是我也到那儿去买。我感到在晚宴上我不善言谈，于是开始阅读经典作品。除了长时间地努力工作，我还努力弥补没上过大学的缺憾。"

阿尔到国际商用机器公司来是因为佩服老托马斯，但小沃森没想到阿尔对他也很看重，阿尔同他配合得很好。他极讲规范，有条不紊，比较谨慎；而小沃森有创新精神，闯劲十足，毫不拘束。这两个人正是相互弥补的黄金搭档。

在刚刚任执行副总裁的日子里，有了阿尔、拉莫特和其他几个人，小沃森已经有了自己的班子。在小沃森担任执行副总裁之后，老托马斯一直想考验一下儿子在管理方面的能力。

自小沃森接任执行副总裁之后，负责的工作比原来的销售业务大大增加。他要监管国际商用机器公司所有的生产业务，这意味着他必须尽快想个办法在 9000 多工人眼里成为一个举足轻重的人物。

老托马斯有意要考验一下儿子在管理方面的能力。

在小沃森上任 6 个月后，有一天，父亲把他叫到办公室。老托马斯先没有说话，而是交给小沃森一封信说："你得让工人们喜欢你，现在机会来了。我建议你去跟他们谈谈。"

小沃森一看，这是封匿名信，抱怨国际商用机器公司的一家工厂里工作环境太差。信中写道：

我们一共 50 个人都挤在一间厂房里工作，这座房子当初设计时本是作仓库用的。暖气不好还不说，厕所也只有一个。国际商用机器公司让工人在这种环境里工作实在是玷污了自己的名誉。

老托马斯说："你去处理这件事吧。我相信你一定行，也借这件事树立一下威信。"

小沃森第二天便动身去了那个工厂。到了之后，小沃森发现情况果然与信中描写的一模一样。有人认为5月份天气已经转暖，可以对锅炉进行大修了，就把锅炉拆得七零八落。不曾想一场寒流袭来，工人吃够了苦头。

小沃森按自己想象中父亲会采取的措施来处理这件事。他先是叫来了经理："你先去弄一套临时取暖设备来，马上安好它！然后，找一些人来，马上在这间屋子后面挖地基，多盖几间厕所。"

经理一看是副总裁亲自出马，不敢怠慢，马上叫人照办了。

不到一个半小时，取暖设备就安装好了，屋子里立刻暖和起来。工人们都高兴地露出了笑容。

两小时之内，在房后挖出了几间厕所的地基。

然后小沃森又命令经理："你去把所有工人召集在一起，我有话要对大家说。"

工人们口口相传："副总裁来给我们解决困难了。"于是大家都赶来听小沃森讲话。

小沃森搬来一架梯子，爬了上去，对他们说："大家好，我是国际商用机器公司执行副总裁小托马斯·约翰·沃森。有人给公司写了这封信，向我们反映了大家的困难。很遗憾信上没有署名。我很想提拔重用这个写信的人，我真希望他能对我有足够的信任而在信中署上名字。但他做得很对，我要感谢他。大家都看到了，那些人正用气锤打地基，给你们添盖几间厕所。我们还将彻底解决暖气问题。"

工人们听了，都热烈地鼓起掌来。他们还向其他人传颂着小沃森如何雷厉风行地解决了他们多年的困难。这件事很快传遍了公司所有的工厂。

回到纽约后，小沃森向父亲汇报了登上梯子发表演说的经过，老托马斯很高兴，他说："这说明你正在努力学习经营之道。"

在查利·柯克去世后一年之内，小沃森还在人事上进行了调整，打字机部门因而即将首次盈利。

自从老托马斯1933年买下麦蒂克电动打字机公司之后，国际商用机器公司一直努力向美国企业界介绍电动打字机的优点：用它打字又快又整洁，也不需要用很大的力气，用起来非常轻松。但它的价格比一般打字机贵好几倍，销售情况一直不很乐观，直至第二次世界大战后也还没有推广流行，一年打字机销售额才不过1100万美元，每年都有亏损。

1947年初，小沃森忍不住对打字机部门的负责人诺曼·科里斯特说："我宁愿马上把这个部门卖掉，也不愿它总是亏血本。"

小沃森这种尖刻的话当然令诺曼十分恼火，他也毫不示弱地反击："我们仍在创业阶段！"

小沃森却说："我很难相信这一点，我们已经创了13年业啦！我们拥有很大一个销售部门，培养了一批推销员，开发经费充足，如果能成功，早就该成功了。"

诺曼针锋相对："我真不知道该说你什么好。汤姆，你实在不懂打字机这一行。"

两个人各不相让，谈不下去了，于是小沃森找到父亲说："你不能再用诺曼那个家伙了，他只会干赔本的买卖。另找别人吧！"

老托马斯不动声色地问："那么你有更合适的人吗？"

小沃森马上说："我想启用威斯尼·米勒，我在战前就认识他。他比我大几岁。我十分钦佩他逆流奋进的性格。"

老托马斯故意说："可是威斯尼的职位很低，你想把他越级提拔，这可是要冒风险的。"

小沃森坚持说："我相信他，而且他也不是第一个被越级提拔的人。我认为值得一试。"

老托马斯点点头说："好吧，就按你说的决定吧！"

威斯尼是一个意志坚强的推销员。他出身显赫，1929年股市暴跌时，他父亲倾家荡产。当年他刚考入普林斯顿大学，被迫辍学。他开始只能找到在布朗克斯区上门推销吸尘器的工作。国际商用机器公司的一位董事认识他，带他来见老托马斯。老托马斯看中了他的毅力，雇他推销打字机。

威斯尼在推销打字机方面确有绝招儿。以往国际商用机器公司推销计算机打孔装置的办法过于偏重市场分析，不适合推销电动打字机。威斯尼充满活力，满腔热忱，擅长领导。他在交易会上激励手下员工，并把一台电动打字机单独放在展台的聚光灯下，自己身着蓝哔叽套装登上展台，仔细鉴赏，伸出手指掸掸想象中的灰尘，然后退后一步说道："这架机器完美无缺，我可不愿看到上面哪怕有一粒灰尘。实在是美妙绝伦！"

威斯尼教那些推销员用这种赞美的语言打动秘书们的心。他还把打字机外壳做成红色、褐色等各种颜色。他专门做了一架白色的电动打字机，让老托马斯献给教皇十二世皮尔斯。

那些诗一样的赞美性语言、漂亮的外观和大人物们的试用，使电动打字机开始受到人们的青睐。1949 年电动打字机开始流行，此后数年打字机部门的营业额每年递增 30%。

这次由小沃森提议的第一步重大人事调整成绩斐然，向人们展示了他慧眼识珠的用人能力。小沃森用自己的实际行动向人们表明，他完全有能力接替父亲掌管国际商用机器公司。

开发研制国防计算机

20 世纪 40 年代末，各国报纸不断报道处于实验阶段的计算机，有关计算和电子技术的科学会议挤满了参加者。

国际商用机器公司没有制造这种机器的计划，但是，却不断听说美国、英国的大学和雷声公司及美国无线电公司等大名鼎鼎的公司的研究计划。这些机器都很笨重，而且十分昂贵；它们都不是为了商业销售而设计的。但是，还是有人不断推测这些"巨大的电脑"对人类将意味着什么。

早在中国的算盘发明以前，就有各种计算设备。现在，少数巨型计算器也已经存在，它们已能进行多种运算。但是，这些机器实质上是像用手指计算那样工作的。它们的内部构造是电子和机械的混合，与普通打孔机没什么分别。

"埃尼阿克"的横空出世引起了巨大的轰动，因为它是根本不同的。除了电子以接近光速的速度不断穿梭于真空管内以外，它没有任何移动的零件。

在电子计算机问世以前，没有任何机器能够运算得这样快。国际商用机器公司的打孔机中最快的中继装置也不过每秒执行 4 次加法运算，而"埃尼阿克"最原始的电路每秒可执行 5000 次运算。

运算速度的提高有希望改变每个处理数字的人的生活。参观"埃尼阿克"首次展览的一位《时代》周刊记者写道，它的"灵巧的电子"开启了一个全新的境界。但到那时为止，科学和工程学的有些原理广为人知，但是没有人应用，因为利用它们必须经过的运算太复杂。因此，当"埃尼阿克"出现的时候，人们设想用计算机帮助打破声障，预测天气，揭开遗传学上的奥秘和设计比原子弹更厉害的武器。

老托马斯刚开始也认为它不会对国际商用机器公司的生意产生任何影响，他认为打孔机和大型计算机属于完全不同的领域。虽然一场计算机革命可能会席卷整个科学界，但是在会计室里，打孔机仍将占据主导地位。

1947 年春，老托马斯把曾经为哈佛大学研制"马克 1 号"的工程师们召集起来，说他想要一种新的"最好、最快、最大的超级计算器"，比"马克 1 号"要好。但是却要求他们在 8 个月内完成。

工程师们竭尽全力，把其他计划都暂时搁在一边，不分昼夜地刻苦攻关，花了将近 100 万美元，成功地研制出一种叫作"程序选择式电子计算机"的机器，内部有电子零件，也有机械零件。它是一个奇异的庞然大物，每小时所能完成的工作量相当于用笔和纸工作 10 年。

为了确保"程序选择式计算机"如同"埃尼阿克"一样引起公众极大的注意，老托马斯将它安置在国际商用机器公司在纽约曼哈顿区的总部一楼的展览室里。

当时，路人都可看到它的全貌。第五十七大街上的行人能够隔着窗户观看它工作。这真是都市中的奇观——三面大墙都布满了键盘与面板，上面插满开关、指针和在进行运算时不停地闪亮的指示灯。每天都有几百人驻足围观。数年中，只要人们听到"计算机"一词，脑海中就会浮现这一景观。

老托马斯将这台机器供给"全世界科学界使用"，并且不以营利为目的。任何有"纯科学"问题要解决的人都可以免费使用它；任何其他用户每小时收费300美元，只要维持其开销就行。

老托马斯以为这种计算机是最好的了。它标志着国际商用机器公司的一个时代的结束。但是，"程序选择式电子计算机"是在完全与世隔绝的情况下制造的。它的设计是保密的，因此，尽管它获得了成功，但它并没有改变国际商用机器公司在技术界的形象。新一代的电子技术工程师仍然认为国际商用机器公司是一个顽固守旧的公司，与打孔卡片和过去的时光融为一体。

"埃尼阿克"的发明人埃克特和莫齐利辞去在宾夕法尼亚大学的工作，同国际商用机器公司展开了竞争。

起初，老托马斯对此并没有太在意，但是，没过多久就证明，埃克特和莫齐利不仅是杰出的工程师，而且是出色的推销员。他们给自己的新机器取名为"环宇自动计算机"，简称UNIVAC，并声称它在实验室和会计室里都会有用。

虽然第一台UNIVAC要过几年才能制成，但是埃克特和莫齐利只用一纸书面介绍，就获得了国际商用机器公司的最大主顾当中的几家的财政支持。这让老托马斯非常恼火。

1948年劳动节前的星期三，小沃森收到了一封来自华盛顿的信，那是他的朋友拉莫特寄来的。信中说：

不久前，我派人参加了全国各地的工程学会议，发现现在全国大约有 19 项重大的计算机计划正在如火如荼地进行，他们大多采用磁带储存信息。

国际商用机器公司处在计算机发展的前沿，你们为什么不参加这样的活动，从中了解到一些新的情况呢？我个人认为磁带代替打孔卡是历史的必然，或许你们也有这方面的考虑……

小沃森最近已经接到很多用户这方面的反馈了。那天，都市人寿保险公司的副总裁吉姆·马登邀请小沃森到他在市内的办公室去。

他说："汤姆，请原谅我说话太直，你们快要失去同我们的生意了。我们光是储存这些穿孔卡就用光了这栋楼的整整三层，而且情况越来越糟。我们实在吃不消。我最近听说有种可以节省很多空间的磁带储存系统。"

还有一次，《时代》杂志的总裁罗伊·拉森也提出："你们的打孔机的工作效率太慢了，根本跟不上业务量的增加。我们有一整栋大楼堆满了你们的设备，都成灾了。如果继续这样下去，恐怕我们不得不寻找其他合作伙伴了。"

小沃森知道，如果直接跟父亲说打孔机落伍了，那父亲一定会暴跳如雷。因此他先挑选出公司最出色的 18 位系统专家，组成了一个特别工作组，来研究磁带应用的可行性。

经过 3 个月的研究之后，小组却得出了一个让小沃森气得脑仁疼的结论：打孔机仍然是目前最好的会计使用机器，国际商用机器公司不应生产磁带机。

小沃森又请来了公司的高级推销员，向他们介绍磁带机的好处，但是他们也坚持认为打孔卡要更实用。

小沃森不想再跟他们费口舌了，决定先去探探父亲的口风。

小沃森刚走进父亲的办公室，正发现他正在训斥国际商用机器公司的资深工程师之一弗兰克·汉密尔顿："我知道研制出'埃尼阿克'的这两个家伙获得了保险公司的支持，为它们研制东西。我们为什么不制造一种符合它们规格的机器呢？"

汉密尔顿说："我们正打算这样做。我和其他工程师一直在夜以继日地努力研制超级计算机。"

老托马斯听了更加愤怒："我们不能只待在这里想，也不能只待在这里打算。敌人都已经兵临城下了，我们还在这里优哉游哉，这不是我们搞事业的方法。告诉我，有什么方法可以在最短时间里制成符合他们规格的机器?"

汉密尔顿说："最好先详细研究一下他们的规格，看看他们想要些什么。"

老托马斯高声说："我们早就知道他们的规格了，我们已经白白浪费了3个月。如果我们制造不了，就退出吧！如果我们有这个能力，那就马上进行，而且价格一定要比对手低，否则我们都不配做这个生意。这两个家伙获得了那些保险公司的支持，这是对我们公司的一种谴责。"

汉密尔顿只好拍拍胸脯保证说："没问题，我们一定能搞成！"

小沃森借机对父亲说："'埃尼阿克'对我们构成了威胁，穿孔卡对现代电子设备是不适用的，他们将把数据储存在新的媒介磁带上面。虽然这个方法基本上还没有获得证明，但是几乎所有新的计算机设计方案中都需要它。磁带同穿孔卡相比有两大优点：第一，它的处理速度很快；第二，它很紧凑，密度高，像菜盘大小的一卷磁带就可以储存一家保险公司在一个地区的所有保险契约资料，而使用穿孔卡一般要用 10000 多张，堆积起来足有好几码厚。爸爸，您不认为我们应该尝试一下磁带吗？"

但老托马斯当时正在气头上，根本听不进去这些："那东西我怎么看都不可靠，还是打孔卡要可靠得多，什么时候拿出来都能明确地读出数据，磁带行吗？或许你白干半天，到时上面什么东西都没有呢！"

小沃森急切地说："但是我们的产品已经落伍了，许多客户都反映过这个问题。我们需要更新换代！"

老托马斯固执地说："是啊，所以我正在催促他们研究计算得更快的机器和能容纳更多信息的打孔卡！"

小沃森讥讽地说："是你手下的那些发明家们认为的？"

老托马斯针锋相对："但是他们发明出了最好的机器！"

小沃森想了想，缓了缓口气说："爸爸，难道您还没有意识到吗？机械的时代已经过去了，我们面临的是电子时代的挑战！你要看看外面世界的变化，它已经发生了巨大的改变。我们必须引进新型的工程学毕业生，才能实现技术的更新。"

老托马斯马上叫来了负责工程设计的副总裁，对他说："我儿子刚才对我说，我们没有一个像样的研究组织，是这样吗？"

那位副总裁看了一眼他们父子俩，然后谨慎地说："我们有世界上最出色的研究组织。"

小沃森当场气得说不出话来，他转身就走，临到门边丢下一句："我看那只是一群光会拧螺丝的家伙！"

小沃森开始认识到："每当你需要采取行动的时候，千万别征求大多数人的意见，即使他们是精英也一样。你必须去感觉世界上正在发生什么事情，然后自己采取行动。"

小沃森本能地意识到，国际商用机器公司必须开始做计算机和磁带生意。这时，他得到了公司总部里的一个人的响应，他就是伯肯斯托克。在查利死后，小沃森成功地挽留住了他。

当时，伯肯斯托克正在"未来需求"部门中，他的任务是不断了解顾客的要求，从而帮助对产品种类进行微调。

伯肯斯托克并不是工程师，但是他对技术问题有一种天生的理解力，并能说明问题是什么。

伯肯斯托克对小沃森说："打孔卡注定要被淘汰，我们如不醒悟，也注定要灭亡。客户们要求加快运算速度，而我们所生产的机器的速度已达极限。当我们提高打孔机打孔速度时，它们的使用寿命缩短；当我们将我们的高速分类机的速度从每分钟处理600张卡片提高到800张的时候，卡片本身开始变成碎片。要注意电子技术领域中的各种活动，否则就真的会被淘汰。"

小沃森不久就认识到，要想保护国际商用机器公司的前途，就必须雇用大批电子技术工程师。国际商用机器公司需要了解正在发生的事情，电子技术领域的发展一日千里，只有一小批电子工程师是不够的。

但是，国际商用机器公司当时所仅有的电子技术专家们远非公司的主流。他们的实验室在波镇哈德森河畔的一栋乡间老宅中，并且不得不同附近的公司打字机厂的工程师们合用。

就在这时，小沃森意外地获得了公司财政部长阿尔·威廉斯的支持，他正在进行一项研究：对国际商用机器公司和美国无线电公司、通用电气公司等成功的公司在研究与开发方面的开支作了比较。比较的结果表明国际商用机器公司落后了。其他的公司把3%的收入用于研究和开发，而国际商用机器公司只花2.25万美元。

威廉斯拿着这些数字去找老托马斯："沃森先生，我不知道你是否意识到，我们在研究方面落后了。"

老托马斯当场没有表态。但是第二天，他召集了一次经理会议，他说："先生们，我一直在考虑我们的研究工作；我们在这方面做得不够。我要你们加强这方面的工作。我希望你们照我说的做。"

老托马斯这时才终于认识到要大力发展电子业务。

有了父亲的旨意，小沃森马上开始物色人选，他最终确定了恩迪科特实验室的负责人沃利·麦克道尔。他是麻省理工学院的毕业生，是那时仅有的几位这种人才之一。

1950年5月，小沃森和父亲到公司的乡间俱乐部观看体育比赛。他发现麦克道尔在网球场边上，便对父亲说："爸爸，我们必须采取行动，扩展我们的研究计划。我认为我们应当从沃利做起。我们的人当中非他莫属。他获得过麻省理工学院的学位，这很重要。我认为我们担任研发工作的那个人没有这种能力，也认识不到有这种必要。"

老托马斯当场说："这是个好主意。你过去和他谈谈吧！"

小沃森走到麦克道尔面前，问他是否愿意调到纽约，大量聘用工程师。

麦克道尔说："你说的大量是什么意思？是几十位吗？我待在这儿就能做到。"

小沃森说："不是，我指的是至少几百人，也许几千人。"

麦克道尔吃了一惊，但随后他就同意了，于是小沃森任命他为工程部主任。

麦克道尔走马上任，就进行了轰轰烈烈的招聘工作。小沃森放权给麦克道尔，要他聘用任何有足够能力干好工作的人，而不在乎他们来自何处。因此，他网罗的电子领域的人才形形色色——美国人、欧洲人、埃及人、印度人，不一而足。

然后，麦克道尔对这些人进行筛选。在他的努力下，在 6 年时间里，国际商用机器公司的工程师和技师就从 500 人增加到 4000多人。

有了这样一大批优秀的工程人员，小沃森信心十足地开始向电子计算机领域进军了。

国际商用机器公司终于开始生产电子计算机了。当时老托马斯正在欧洲忙着创建国际商用机器公司的国际贸易公司。他打电报给杜鲁门总统，说公司的人力物力任凭政府使用，并要他们同小沃森联系。

小沃森派伯肯斯托克到华盛顿去调查了解，看国际商用机器公司能做些什么。小沃森认为，如果能够按照政府合同制造几台一个类型当中唯一的一台计算机的话，国际商用机器公司就将初露锋芒。

1950 年秋，伯肯斯托克走访了五角大楼的各个办公室，参观了政府的实验室，同国防工业承包商接洽，询问他们在计算方面的需要。

他们考察了许多同国防有关的领域——原子能、导弹、密码破译、天气预报、军事演习等。他们发现，工程师和科学家们迫切需要高效能的计算机。

那时全国总共才有 6 台电子计算机，除埃克特和莫齐利外，大多数设计者所考虑的仍然是一个类型的机器只制造一台。伯肯斯托克同时指出，倘若接受政府资助，国际商用机器公司必须向政府提供大量有关资料，这样就会造成专利地位不牢固。

小沃森问道："这要花多少钱？"

伯肯斯托克说："设计和制造样机要花 300 万美元。整个计划的费用将是这个数目的 2 倍至 4 倍，大约要超过 1000 万美元。"

小沃森要求进一步了解这种机器。于是，1951 年元旦后不久，在小沃森的办公室里举行了一次公司会议。只有威廉斯和小沃森是与会者当中的非技术人员。赫德、帕默和伯肯斯托克把他们的皮箱放在桌上，取出里面的新型计算机设计图。这种计算机是用电线连接起来的一堆黑箱子。

小沃森对伯肯斯托克说："咱们继续干吧！但是我希望你会帮我一个忙。把这些计划书清理一下，然后你和赫德出去试试，看看我们能否找到订购这种机器的订货单。"

与此同时，为了对付销售部门的怀疑论者，小沃森为这种新型计算机取了一个充满爱国情感的名称：国防计算机。

在伯肯斯托克和赫德外出推销之前，还必须确定这种计算机的价格。公司里没人知道怎样为电子计算机定价。因此，帕默和手下人计算了一下购买真空管要花多少钱，在此基础上增加 50%，得出每月租金 8000 美元。

然后，伯肯斯托克和赫德走访了他们曾经去过的所有国防工业实验室，宣传"国防计算机"将具有的新优点。客户们订租很踊跃。不到两个月，就获得了 11 个客户的订单，还有 10 个可能的客户。

有了订单，小沃森带着威廉斯将计划提交给父亲。老托马斯没提任何问题就批准了。

在国防计算机问世之前，老托马斯参观了由他捐款设立的一个哥伦比亚大学实验室。那里的研究人员正在试验高速电路。

他回来之后顺路来到小沃森的办公室，兴奋地说："你应该到那里去看看。我不知道那是什么东西，但是那个人每秒钟做了20万次运算！"

小沃森明白，父亲决定把采用电子技术的机会留给他，"国防计算机"是他让儿子作为一名经理所冒的第一次巨大风险，他已开始意识到电子和电脑工业时代就要翩然降临了。

随着国防计算机的进展，公司的其余部门越来越多地参与了这个项目。这个项目赢得了一些重要的盟友，包括已经当上负责销售的副总裁的雷德·拉莫特和打孔机生产部门的销售经理文·利尔森。

国防计算机取得的进展，使小沃森赢得了很多原本持反对意见的人的支持，这也标志着国际商用机器公司的计算机从科技领域进入了商业领域。

与父亲产生观点分歧

进入 20 世纪 50 年代，小沃森越来越显赫的声名开始让父亲上心了，他准备让儿子成为国际商用机器公司的接班人，可另一方面，他又不情愿让儿子抢了他的风头，所以他对小沃森的态度十分矛盾。

小沃森不在场时，老托马斯会告诉别人，儿子是个了不起的人，毫无疑问有一天会掌管公司。可每当小沃森成就一项事业时，他却从不当面说一句话。

老托马斯这个时候已经 76 岁，做事有些力不从心了。他每天早晨来上班的时间越来越晚，午饭后还要在办公室隔壁的接待室里休息一两个小时。

但是老托马斯却让秘书们替他保守这个秘密，因为他喜欢给人留下一个精力充沛的印象。当他在公开场合露面时，他都尽量表现得神采奕奕；即使是身体不舒服时，他也总是挺拔地站着，像年轻人那般步履矫健。

但是小沃森心里清楚，父亲不再像从前那么强壮了。他开始注意保护父亲的健康。每次他们一起乘火车，小沃森半夜醒来总是要去看看父亲有什么不妥。

有一次，老托马斯还差一点搞砸了一次演讲，所以当国际商用机器公司的新一届年度大会的日期迫近时，小沃森跟父亲说，如果有专家、内行们有无休止的问题时，那就由他来对付他们。老托马斯对此完全同意，他认识到自己有点力不从心了。但小沃森从不觉得父亲对他是一种妨碍。因为现在是他给父亲一些帮助，并因此得到他的感激和赏识了。

只有当父子俩之间发生了极大的摩擦时，小沃森才会回到家里对奥丽芙说："真希望爸爸能退休，不再插手这里的事儿。"

此时，小沃森认为自己已学会了如何经营企业，有威廉斯和其他年轻人的精诚协作，并且知道要使国际商用机器公司向何处走。但是老托马斯还是不肯放松。

他清楚地对小沃森表明："如果你想担负更多的责任，那必须一路同我斗下去才能得到。"

有一次小沃森向父亲抱怨他对自己的苛刻，老托马斯咆哮道："我并没有多长时间能教你了。这是我知道的唯一能教会你的办法！"

通常是在小沃森劳碌一整天、快要下班劳累不堪的时候，老托马斯才真正开始来了劲头。总是在小沃森正要回家时，蜂鸣器响了，他疲惫地坐在那儿，听父亲对他宣布一项决定，而他的决定肯定要和前一天已商量好的方案恰好相反。

有一次，老托马斯说："我要派法威尔到克拉马祖去。"

小沃森说："爸爸，这件事咱们不是已经谈妥了吗，并且已经说好不让法威尔去克拉马祖。"

"哦，我进一步考虑了一下，改变了我的看法。"

"可是我已经通知了法威尔，说他……"

老托马斯说："你那么做并不合适！"

他们最激烈的争吵不是发生在办公室，因为那会影响其他人。

老托马斯夫妇住在东 75 大街，小沃森则住在离公司很远的格林尼治，如果他有事需要留在市内，或是要出席第二天清晨的一个什么会议，他就去父母那里过夜。

有一天晚上，小沃森聚会之后又回到父亲家里，这时父母还没回来，他就早早地睡了，并很快进入了梦乡。

老托马斯回来之后，轻轻地走进小沃森的房间。

小沃森被父亲叫醒，他睁开眼睛问："爸爸，有什么事吗？"

老托马斯在儿子床边的椅子上坐下，说："没什么，我只是来向你道个晚安。今晚的聚会怎么样？"

小沃森又好气又好笑："还不是老一套，但还算不错吧！"

老托马斯仍然不离开："那又认识了许多新朋友吧？"

小沃森只好把手支在脑袋上："嗯，这种聚会总会认识新朋友的。"

老托马斯笑了："是啊，总是致辞、祝酒、鼓掌、交谈……"

父子俩相视而笑。

开几句玩笑之后，老托马斯话锋一转："顺便提一下，儿子，我想再管管西销售区，就管这一次。"

小沃森说："但我已经在一个环节上花了很多时间并且已经解决了问题，根本不需要您……"

老托马斯却打断说："我对这事的处理一点都不满意。"

小沃森立刻从睡梦中清醒过来："可这是我的工作，我完全能应付得了。您不应该再对我的工作指手画脚了。"

老托马斯却寸步不让："别这样对我说话！国际商用机器公司的事我都要管。"

小沃森也猛烈地回击过去，于是就爆发了一场大战。

争吵一直持续至凌晨，珍妮特最后不得不起床劝解。她穿着睡衣站在门口，头发因睡眠而蓬松着，"小伙子们，拜托你们快去睡觉，行吗？你们把整栋楼的人都吵醒了。都赶紧给我回到床上去！"

父子俩停止了争吵，相互盯着，就像两只斗架的公鸡，谁也不说话。

老托马斯回过身去，声音干涩地说："晚安，儿子。"

小沃森这一刻突然眼中噙满了泪水，他把手搭在父亲肩上："爸爸，对不起，我不该这么说。"

老托马斯也回过头来，他的眼中也湿润了："儿子，我知道，你为了国际商用机器公司已经尽了全力，我不应该事事都责备你。"

父子俩流着泪互相拥抱，然后精疲力竭地各自睡觉去。

他们总是发誓再也不吵架了，可是不出两三个星期，肯定又会有新的意见分歧，继而上升为白热化的争论。然后再次互相谅解，消除怨气。因为他们都是为了共同的目标——国际商用机器公司。

有一次，在小沃森的办公室里，他们又爆发了一场恶战。

老托马斯拍着桌子说："你和艾尔那样管理销售就不对！"

小沃森看着白发苍苍的父亲，尽量缓和着问："那您认为应该怎么管？"

"所有的分部经理和地区经理都应该看所有的信号报告。"

"但是爸爸，现在和过去不同了，仅一个销售区一天就能收到近 4000 份报告，地区经理能看得完吗？国际商用机器公司是大公司了，大公司有大公司的运作方式，不能再像过去那样管理国际商用机器公司了。"

"我还用你来教我怎么管理国际商用机器公司，小子！国际商用机器公司是我创办的，我在国际商用机器公司摸爬滚打创业的时候，你还在你妈怀里吃奶呢。"

"你?!……真是不可理喻！"

小沃森逃出了房间。

走廊的尽头是老托马斯的表弟查利·洛夫的办公室。小沃森闯进查利的门，也不管还坐在桌前的表叔，倒在沙发上失声痛哭起来。

查利很吃惊，他问："出什么事了？汤姆，需要我帮忙吗？"

小沃森抹了一把眼泪："表叔，在你成长的过程中，你和你父亲常常大吵大闹吗？"

查利说："那当然。"

这话听起来让小沃森好受了些。

父子俩都在试图改变对方。儿子希望父亲亲切随和，不那么挑剔，而父亲却做不到。父亲希望儿子顺从、温驯，不那么具有反抗性，但儿子也做不到。

珍妮特则尽她所能缓和事态。她总是对小沃森说："我比你父亲年轻得多，对他的倔强和固执也深有感受。我也知道，你不得不一切服从他的安排。可是，你一定得记住，你父亲已是个古稀老人了，大动肝火对他没什么好处。如果正当你们争吵时他出了什么事，你会一辈子后悔的。我不知道你们这些争吵是怎么开始的，也不知道你怎么做才能消消他的火气，但是我请你一定要尽全力，千万不要让事情变得太糟。"

小沃森其实每次也都心中不安，他知道父亲钟爱他，盼望他飞黄腾达；他也爱父亲，希望他平安度过晚年，没有创伤，没有窘迫，没有伤害身体的操劳。可是尽管小沃森一直努力不辜负父亲的期望，老托马斯对他却从没有满意过，这也许就是"恨铁不成钢"的缘故吧！

　　老托马斯一开会就没完没了地唠叨："我总是放不下那笔8500万美元的债，这笔钱一直困扰着我。欠债这种事情是不能马虎的。我们必须时刻记着，我们还背着债务。能不能想办法利用现有的资金，而不用借贷？"

　　小沃森却说："我们需要借款，因为即使把赚来的每一分钱都投入再生产的话也还远远不够。好吧爸爸，现在我们不必再借钱了。不过我们不能再雇用更多的推销员了，因为我们手头的订单已经足够我们应付一阵子了。"

　　不雇推销员，那简直如同在老托马斯的心口捅一刀一样。在他心目中，推销员的增多意味着企业的增长。

　　老托马斯拿着贷款的单子，皱着眉头想了一会儿，然后指示秘书："为我俩同银行约好时间，去借更多的钱。"

　　父亲妥协了。父子俩之间的分歧，实际上是新旧观念上的冲突。

当上了公司的总裁

　　1951年的春天，小沃森正在全力以赴地推进国防计算机的进程。作为执行副总裁，他已经基本全面掌管了国际商用机器公司。但是，总有一些事情还是需要向老托马斯请示，因为他还是总裁。

　　可是，老托马斯这时主要精力都在公司的国际贸易公司上，而国内方面的事务则由秘书菲利浦斯代为传达。有时，小沃森有事，就要向菲利浦斯请示，多数时候菲利浦斯都会当面给予肯定；但是等请示了老托马斯之后，却又总是被否定。频繁地出现这种事儿，就太让小沃森恼火了。

　　有一天，因为又一件事被老托马斯否决了。等老托马斯回国之后，小沃森暴风般地闯进了父亲的办公室："你就让你的秘书做公司总裁好了。他每次都同意我的做法，可是跟你商量了之后，总要再回来推翻他自己的决定！这让我还怎么开展工作？"

　　老托马斯这次却并没有跟儿子争吵，他说："你先到我午睡的接待室里等一下。"

　　然后，老托马斯把菲利浦斯召进他的办公室。两人在里面嘀咕了一阵之后，把小沃森叫了进去。

小沃森心里也在打鼓："父亲别老糊涂了，真让菲利浦斯当总裁吧？"

老托马斯和菲利浦斯都转过身面对着小沃森。老托马斯带着一种异样的表情说："我们已经决定了，让你做总裁。"

小沃森本以为得继续和父亲大吵一通的，却没料到他们作出了这个决定，他一时待在了那里。

见小沃森一言不发，老托马斯问："怎么了？难道这不是你梦寐以求的吗？"

在小沃森心里，他希望父亲能把自己继任总裁看作是他生命中的一次重大胜利，令他感到骄傲的胜利，却没有想到父亲似乎只是为了避免争执才让他做了总裁。他没有感到一丝自豪和愉快，相反，他心里非常难受，觉得自己一定是深深地伤了父亲的心。

老托马斯也同样很失落，他什么也没说，就出门旅行去了，甚至连张字条也没留给小沃森，而是临走前让菲利浦斯写了封信落实小沃森接任总裁的事。

1952年1月，38岁的小沃森接任国际商用机器公司总裁。在正式升任总裁的前一天，小沃森给父亲写了一封信：

亲爱的爸爸：

我非常感激您为我所做的一切。我热爱我的工作，热爱我们的公司。另外，我相信这种安排会使您的生活更快乐。对我们来说，您永远是我们的国际商用机器公司开创者，我现在的能力有90%是来自您的建议和忠告。我希望您能继续做国际商用机器公司的董事长。

我们的公司一定能够持续快速发展，在这一点上我和您的目标是一样的。我有巨大的动力推动我为此做出努力，如高薪和股份等；但是即使是什么报酬也没有，只要我能维持生活，我就始终热爱我的工作，因为国际商用机器公司是您的公司，而我是您的儿子。

我一直把我成为国际商用机器公司总裁这一天看作是我的抱负实现的一天。当然我很快乐，可是如果我从您的脸上、从您的眼睛里看不到您对我的满意，我是无法真正感到满足的。世界上没有一个儿子崇拜他的父亲像我崇拜您一样。

之后半年的日子里，国际商用机器公司突破了年利润2.5亿美元的大关，比6年前小沃森刚回国际商用机器公司时翻了一倍还多。

有一年夏天，下属公司一位经理去世了，于是小沃森去参加他的葬礼。

正当小沃森要赶往机场之前，父亲把他叫进办公室。他们说着说着又大吵了一架。最后小沃森说："我没时间再跟你说了，我得去赶飞机。"说完就迈步出了房间。

老托马斯随后也下了楼钻进他的大轿车，竟然比小沃森先赶到了机场。打字机分部的总经理威斯尼·米勒正在等着与小沃森一同前往加利福尼亚。

当他们到了纽约机场，走向停机坪上的飞机时，老托马斯正艰难地从候机大厅里走出来。小沃森看见了那时已经78岁的老父亲，他慢慢地穿过停机坪向自己走来，不顾周围好奇的旁观者，伸出瘦骨嶙峋的手抓住了儿子的胳膊。

小沃森真被气得失去了理智，他狠狠地抽出了胳膊，转身上了飞机。在长达9个小时的飞行中，小沃森坐立不安。由于去参加一个老人的葬礼，他更联想到父亲，生怕他会在这样的冲突中死去。

一下飞机，小沃森就迫不及待地奔向电话，向父亲道歉。虽然那场争执也很快风平浪静了，但是它强烈地震撼了小沃森。那时他第一次意识到："我的父亲有一天也会离开人世。"

同时，小沃森也开始意识到，他再也不能像小孩子一般任性了。那个秋天，他带全家出去度假，小沃森和儿子、女儿们一起玩耍，想了很多关于父亲的事。接着，他用了更多的时间来整理思绪。

不久，在一次火车旅行中，小沃森取出一本黄色的便笺簿，向父亲倾诉了他对父亲全部的爱：

亲爱的爸爸：

从我起程去切色皮克的那一刻起，我就在构想这封信了。在与国际商用机器公司的弟兄们一道航海的途中，我开始回想我们共同度过的38年。

我一次又一次地认识到您对我是多么爱护、多么公平、多么宽容。我一直都感受到这些，尤其是从我有了自己的儿子之后，我的感觉更清晰了。

我只希望他爱我能像我爱您那么深。当然，我希望他不要与我争执甚至反抗我，就像我对您所做的那样，因为我知道那是多么伤害一个父亲的心。

我还记得小时候在肖特黑尔镇学校时给您惹的麻烦。

那时您是学校董事会成员，有一次我和人打架被董事会知道了，您耐心地教育我。恐怕我对自己的儿子不会有那份耐心的。

我又想到我那一直令您头疼的学习。我的分数，总是令您失望，可是您却能藏起您的失望，从来不对我发火。

我仍然清楚地记得那个早晨，我和您离开卡姆登，去为我寻找一所愿意接受我的大学。最后布朗学院留下了我。然后发生了我学飞行的那件事，还有这以后的许许多多的小矛盾。每当我们意见不统一，您从不禁止我去做我想做的事，只是和我讲道理。

但愿我对我的儿子也能像您对我那样。我为自己在很多方面不是一个最好的儿子而感到遗憾。虽然您和妈妈是如此优秀，我还是想能够青出于蓝而胜于蓝。我一直都在梦想有朝一日我能让你们为我而感到自豪。

在这3周里，我的脑海里回荡着我们一起生活的点点滴滴，我感到非常快乐。我们也曾吵过架，现在我冷静地想一想，90%的时候您是正确的；而其余的时候，如果我是个好儿子，我就不会同您争吵的。

爸爸，我曾给您写过数十封信，向您保证我将做得如何如何更好。但是自从南下之后，我的心情似乎与以前有些不同了。现在我是这么强烈地想得到您的肯定，使您对我百分之百地满意。

我想说的是，我希望我还有机会让您知道，我爱您，敬重您。国际商用机器公司是您的化身，我会让它永远如此。我从没像现在这样渴望您的教诲和建议。当您每次来公司巡视时，我愿意和您共同商讨公司的事。这样一封信可能难以表述我内心深处的感情，可我还是要试一试。

我想说的最基本的一点是，从没有一对父母像您和妈妈这样疼爱和理解他们的孩子；我也将更加努力，让你们为我感到骄傲。

儿子：小托马斯·约翰

小沃森很高兴自己终于说出了自己积压多年的话，而且这封信也给老托马斯带来了最快乐的一刻。

与兰德公司激烈竞争

1952 年的大选前夜，当德怀特·艾森豪威尔大败阿德莱·史蒂文森时，哥伦比亚广播公司的节目中出现了一台 UNIVAC 计算机。广播公司使用 UNIVAC 来显示选举结果。

广播公司著名的节目主持人爱德华·莫罗、埃里克·塞瓦赖德，还有沃尔特·克朗凯特，称它为"无与伦比的电子大脑"。

当时，所有的民意测验结果都显示两位候选人势均力敌、不相上下，只有 UNIVAC 电脑根据一小部分选举结果报告预测艾森豪威尔将以悬殊的比数获胜。

雷明顿·兰德公司对此非常紧张，砍掉了一部分内存，以使 UNIVAC 的预测与民意测验的结果相一致。

然而大选的结果证明电脑的预测是正确的。雷明顿·兰德公司的 UNIVAC 计算机从此名声大振。

小沃森已经不止一次听到这样的消息，他在华盛顿换乘飞机时，该区的业务总管雷德·拉莫特到机场来见他，他汇报说："雷明顿·兰德公司卖给了我们的老客户统计局一台他们的 UNIVAC 电脑，不久还要再卖一台。人们全在为这事兴奋。为了腾出地方，他们把我们的几台制表机给堆到角落里去了。"

小沃森大吃一惊："我的上帝，这边我们正费尽心机地制造国防计算机呢，那边 UNIVAC 已经动手抢我们民用方面的生意了。"

黄昏时分，小沃森飞回纽约后，马上召集了一个会议。他说："这次会议主要讨论国际商用机器公司新产品的问题。我们必须认识到技术的领先在商业运作中的巨大优势，所以我们必须研究出一台更为先进的计算机，来同 UNIVAC 争夺市场。"

会议一直开到深夜。大家都已经意识到，国际商用机器公司正在丢掉生意。

会议最后决定，两个项目同时上马：一项是以磁带应用为主的商用计算机，一项是国防计算机。

小沃森把技师分成 3 组，排 3 个班次全天轮换工作。

每周一早晨，小沃森把其他事都抛到身后，连续几个小时与项目经理们会面，讨论开展的项目，督促他们的进展。

国际商用机器公司用"危机模式"一词来形容当时的工作情况。有些时候，小沃森真觉得他们像是"泰坦尼克号"客轮上的乘客。

1952 年的一个清晨，麦克道尔来见小沃森，带来了一篇新的对国防计算机耗资额的分析。分析的结果是，给用户的报价低了一半。研制这种机器每月的费用远远超过了预想。

小沃森立刻四处通知用户提高价格，令人意外的是，订单竟奇迹般没有减少。很明显，他们发掘到了新的、强有力的需求源泉，甚至上涨一倍的价格也没吓退他们。

1952 年 12 月，国防计算机国际商用机器公司-701 设计制造完工。国际商用机器公司为此举行了盛大的典礼，很多全国知名的科学家和商界巨子都参加了这次活动。

一开始，国际商用机器公司就把 701 当作一种产品而不是实验室设施来制造，因此，尽管十分复杂，他们还是把它的制造地点选择在工厂，而不是实验室。此外，国防计算机与其他机型在外观上也不同，在设计时就刻意使它便于海运和安装。

UNIVAC 的机箱有一辆小型卡车那么大，而国际商用机器公司-701 是由分离的组件构成的，每个如大型冰箱般大小，可以装进普通的货运电梯。到了用户那里后，技师可以在 3 天之内连接好机器并使之运行。其他的计算机至少需要一周的时间来安装。

小沃森想大张旗鼓地推出国际商用机器公司-701，从 UNIVAC 那里争取注意力，于是把第一台国际商用机器公司-701 运到纽约，安装在总部大厦的底楼。为了给新计算机腾出空间，拆了原来的那台老计算机。这台被老托马斯称为"计算器之王"的机器来到世上只有 5 年就被淘汰，小沃森不禁感叹电子技术的进步实在是日新月异。

4 月份，举行正式推出国际商用机器公司-701 机的仪式。150 名顶尖的科学家和美国商界领袖参加了典礼。

仪式的主宾是杰出物理学家罗伯特·奥本海默，他曾领导一队科学家制造出第一枚原子弹。他在贺词中称国际商用机器公司-701 是"对人类极端智慧的贡献"。

国际商用机器公司的工程师们向来宾们介绍着国际商用机器公司-701的种种优点："它不仅计算速度快，而且便于运输和安装……"

新计算机赢得了参观者的普遍赞赏。全国的报纸都刊登了这一新闻。国际商用机器公司再次成为媒体和公众所瞩目的焦点。反响最大的是国际商用机器公司的大客户，几年来他们一直在催促国际商用机器公司制造计算机。

小沃森的朋友、《时代》杂志总裁罗伊·拉森对小沃森说："快别浪费时间了。既然你们已经推出了科技用的国际商用机器公司-701，那也一定能制造出令人满意的商用计算机。拿出你们的东西来，我们也好比较一下，决定是否买台 UNIVAC。"

小沃森对他说："别着急，我们正在研究中，相信不久就会有您喜欢的国际商用机器公司-702 问世了。它是以磁带储存信息的。"

这个消息立即传遍了所有国际商用机器公司的客户，他们都急切地盼望着国际商用机器公司的新机器尽快问世，来替换原来的打孔机。

9 月份，国际商用机器公司公开宣布了制造国际商用机器公司-702 的计划，随后不到 8 个月的时间里，就收到了 50 台的订单。

早在 1949 年苏联成功试爆了他们的第一枚原子弹之后，美国空军开始感到美国需要一个成熟的防空系统了。他们还认识到这个系统应该采用计算机。

政府与麻省理工学院签订了一份合同，一些美国最优秀的工程师制订了一个广阔的计算机—雷达网络工程计划。这个网络将覆盖整个美国国土，24 小时连续运行，计算每一架进攻的轰炸机的位置、飞行轨迹和速度。军方把这个系统命名为半自动地面环境，简称 SAGE。指挥官可以利用 SAGE 来监测他的整个辖区，并能通过 SAGE 向他的拦截机和高射炮台发出命令。

麻省理工学院负责 SAGE 的工程师是杰伊·福雷斯特，他坚信电脑可以做超出比任何人想象更多的工作。

1952年夏天，杰伊巡游全美的计算机行业，参观了其中5家最优秀的公司：美国无线电公司、雷松电子公司、雷明顿·兰德公司、西尔维尼亚电子公司及国际商用机器公司。各家都在为赢得杰伊的青睐而全力以赴。

此时，小沃森尽量地不去担心其他的竞争对手们，只是让国际商用机器公司自己证明自己。他带领杰伊去参观了国际商用机器公司的车间，杰伊被小沃森说服了，国际商用机器公司承包了这个项目初级建设的一小部分任务，与麻省理工学院联手搞样机的制造。

为了使该系统成功实施，计算机必须以全新的方式工作。SAGE需要随时掌握瞬间万变的防空全貌。这意味着电脑必须持续不断地接收雷达收集来的信息，并连续对这些信息进行及时处理。

即使信息处理的技术难度已经够大了，可是空军还要求这一系统必须绝对可靠，要求电脑能够年复一年、一天24小时精确无误地工作。

小沃森从其他的计算机项目中抽调出国际商用机器公司最优秀的工程师，去同杰伊的人一道工作。工程开始一年后，国际商用机器公司有700人投入这一项目，设计和制造合格的样机只花了14个月的时间。

空军把新机器命名为AN/FsQ-7，简称Q-7。

虽然成功地制造了样机，但这并不能保证国际商用机器公司能拿到整个工程下一步的任务，SAGE工程的生产和维修整个系统所需的几十台计算机的合同仍不知鹿死谁手。

小沃森知道赢得这个合同对国际商用机器公司的前途具有相当

重大的意义，它能使得到这批计算机制造权的公司领会到成批生产的奥秘，从而在整个行业中遥遥领先。

小沃森真担心杰伊会把工程转移到别处。他为签订这一合同书所付出的努力，比为任何其他生意付出的都多。他不断地去麻省理工学院。

但杰伊还在犹豫不定，最后小沃森告诉他，如果把生意给国际商用机器公司，在合同签订之前可以为他建一座工厂，并强调说："只要你点头，这一周内我们就可以开始盖工厂。"

杰伊最终同意了。

几年之内，国际商用机器公司已有几千名工作人员投身于这项宏大的工程，他们一共制造了 48 台 Q-7。至 20 世纪 50 年代末，SAGE 系统的电脑销售量几乎占国际商用机器公司全部计算机销售量的一半。

小沃森的努力，使国际商用机器公司重新成为人们议论的焦点，也使国际商用机器公司改变了原来在人们心目中守旧的形象。

1955 年，小沃森登上了《时代》杂志的封面。这般殊荣就连老托马斯也从未获得过。

《时代》杂志记者弗吉尼亚·贝内特小姐奉命采写一篇有关美国工业自动化的文章。当时，雷明顿·兰德公司的总部也设在曼哈顿，与国际商用机器公司总部靠得很近。贝内特小姐前去采访兰德公司的 UNIVAC 电脑。

而当天，兰德公司却对贝内特爱理不理的。贝内特采访不成，在丧气地漫步返回她的办公室途中，无意之中经过国际商用机器公司的大门。她从橱窗里看见了新展示的国防计算机，贝内特心想：

"这里的人也是搞电脑的，我何不去看一下呢!"

老托马斯一贯深信公司在公众中的形象之重要。他亲自挑选了一批训练有素的接待人员，安排在门厅迎接来访的客人。那天，在公司门厅值班的人中有一位经验丰富的接待小姐。贝内特小姐走进公司大门，说她是《时代》杂志的记者，打算采写一篇专访。这位接待小姐胸有成竹，立刻回答说："本公司的老板是沃森先生。他今天有事外出。但他的儿子小沃森先生是公司的总裁。您肯定可以见到他。"

10分钟之后，贝内特就在小沃森的办公室里，听着有关国际商用机器公司创造电子奇迹的介绍。

《时代》杂志的编辑们一直认为，电子工业带来了第二次工业革命。因此，他们欣赏国际商用机器公司的做法，认为切合主题。于是，在这期的《时代》杂志上，小沃森的照片被赫然刊登在封面上。

《时代》杂志封面上的醒目标题是：

> 国际商用机器公司的沃森先生：孜孜不倦追求，永不停息思考。

这是任何公司老板梦寐以求的最好的宣传。《时代》杂志的读者达数百万之众。这篇专访写道："人类的前景确实光辉灿烂。工业自动化对于体力劳动者来说都意味着新的安逸、新的财富和新的尊严。"

在兰德公司的高层人员中竟没有一个人意识到电脑在将来的地位和作用。该公司的老板吉姆·兰德什么行业都想插手，搞多种行业的联合大企业，什么都产都销，从办公设备到电动剃须刀，从自动导航仪到农业机械，无所不干。兰德甚至不准许该公司的打孔机推销人员兼销电脑，因为他说这样会大大增加公司的成本开支。

而在国际商用机器公司，小沃森带领大家专心地把全部推销力量放在电脑上。早在电脑发货前几个月，国际商用机器公司就雇用了一大批学数学、物理的大学毕业生和工程师，到客户门上教他们如何操作使用电脑。为了普及推广这个新领域的知识，还在波基普西为客户和推销人员举办各种讲座。

雷明顿·兰德公司同国际商用机器公司一样也从事打孔机业务。他们公司的人本应精于此道，但是却没有做到。

至 1954 年春天，国际商用机器公司研制的电脑和 UNIVAC 处于并驾齐驱之势。在实际安装的电脑方面，雷明顿·兰德公司仍略占上风。但是，国际商用机器公司拿到手的订单比雷明顿·兰德公司多 4 倍。

当时国际商用机器公司最畅销的新电脑是应用于会计系统的 702 型，已获得 50 台 702 型电脑的订单。

要如期把这批 702 型电脑交给客户，国际商用机器公司的所有部门必须通力合作、环环相扣，缺一不可。小沃森任命执行总裁之一文·利尔森专门负责此事。

到夏天，新的麻烦又来了。702 型的记忆功能尚不完备，虽然使用的储存系统在处理速度方面比 UNIVAC 快，但经常出现"遗忘"数据的毛病。把这样的电脑交给客户，无疑会损害国际商用机器公司的信誉。如果想竞争过 UNIVAC，就必须改进 702 的可靠性。国际商用机器公司的工程师和生产主管们不知如何办才好。

小沃森忧心忡忡地对大家说："如果这个问题不解决，我们拿什么同 UNIVAC 斗呢？"

利尔森这时说："也许我们可以试着改变它。"

小沃森眼睛一亮："你有好办法吗？"

利尔森说："也许可以试试。我听说麻省理工学院研究 SAGE 的专家们在研究记忆技术方面有一套。"

于是，利尔森弄来一台旧的 702 型电脑，送到麻省理工学院，求教于专家。

麻省理工学院的工程师们确实有一套，他们能把大量资料储存在一小块螺帽状的"磁芯"上。磁芯的记忆功能极为可靠。

这时一位负责技术的经理对小沃森说："我们的工程师本来计划把磁芯应用于国际商用机器公司的下一代电脑，但大约需要 3 年时间才能上路。"

利尔森当机立断："不行，我们等不了 3 年。你们要来个飞跃，立即上马。"

工程师们大大加快了进度，结果不到半年，国际商用机器公司的所有电脑生产线都装配了记忆磁芯。

一年之后，这种改进设计的电脑就开始出厂交货。这种产品使 UNIVAC 相形见绌。国际商用机器公司很快就遥遥领先了兰德公司。

至 1956 年举行大选的时候，国际商用机器公司已有 87 台电脑在运行，还有 190 台电脑的订单到手，这也让其他电脑制造商望尘莫及。

1954 年，国际商用机器公司又开发出一种 650 型的小型电脑。它体积小，价格便宜，而且能同打孔机配合使用，而计算功能又远在打孔机之上，所以成为那些急于使用计算机的公司的最佳选择。650型处理日常工作的能力在市场上掀起了一股650型电脑热。

3年后，国际商用机器公司搞出了引人注目的成果——电脑磁盘。它可以把资料储存在细微磁体的表面。这种磁盘实现了电脑实用性的一场革命。

打造公司的崭新形象

国际商用机器公司在市场上蒸蒸日上，但是小沃森却并没有完全陶醉于其中。老托马斯从来没有认为国际商用机器公司是他的私产；小沃森也从来没有想把它占为己有，相反，他经常怀疑他是否对国际商用机器公司拥有真正的影响力。

小沃森时时感觉，他不过是父亲的影子，而父亲又惯于一人说了算。小沃森当了总裁之后，每逢出差，国际商用机器公司的当地员工们都到机场迎接。这是按照老托马斯的惯例来进行的，因为他喜欢这种排场。但小沃森却深以为扰，所以他一再告诫员工们千万别这样做。

小沃森经常到各地视察国际商用机器公司的分公司。每到一处，他都得向员工讲，大家才是国际商用机器公司的主人。

在老托马斯的倡导下，国际商用机器公司早就有自己公司的歌、旗帜和标语口号，有公司的报纸乃至服装、举止的各种规则。而且，每间办公室都要悬挂老托马斯的照片。每天一早，分公司的经理们还要推销人员在出去拜访客户之前唱公司的歌。

小沃森觉得，这些形式主义的东西对于一个成熟的公司来说是荒谬可笑的。他一直想改掉，但又力不从心。

　　小沃森还必须设法向员工们表明，现在是他在掌管国际商用机器公司，而且时代也不一样了，现在国际商用机器公司是一家电脑公司，而不再是打孔机公司了；现在身处 20 世纪 50 年代，而不是 20 世纪 20 年代了。

　　思前想后，小沃森决心通过现代化的设计使国际商用机器公司一展新姿，以显示他个人的特征。国际商用机器公司一切看上去都是陈旧过时的，小沃森希望国际商用机器公司的一切，从产品、办公室建筑物乃至印制的宣传品都焕然一新，使公司的一切都对公众具有吸引力。

　　有一天，小沃森信步走过纽约第五十街，不由自主地被一家商店吸引过去。这家商店把待售的打字机陈列在人行道侧供路人试用。打字机的颜色各不相同，设计颇为新颖。

　　小沃森走进商店，看到里面的家具式样新潮、色彩鲜明醒目，整个商店给人以生气勃勃的感觉。商店大门的上方写着"奥利韦蒂"几个大字。

　　当时，这一切都给小沃森留下了很深的印象，他改革设计的念头也由此而萌发。

　　几个月以后，国际商用机器公司荷兰分公司的总经理给小沃森寄来厚厚一包东西。他打开一看，里面装着两捆材料和许多照片。夹在里面的一张便条说，其中一捆正是小沃森看过的"奥利韦蒂"公司的广告和推销材料，照片上拍摄的是这家公司的总部、工厂、销售点、员工宿舍和各种产品。另一捆则是国际商用机器公司的类似材料和照片。

这位荷兰朋友建议说:"只要把这两捆材料和照片分别铺在地板上,国际商用机器公司有哪些地方必须改进也就一目了然了。"

小沃森对比一看,结果很明显:奥利韦蒂公司的材料色彩鲜艳,引人入胜,好似一幅美妙的拼图;而国际商用机器公司的材料颜色单调乏味,好比一堆旧报纸。

1954年底,小沃森带着这些材料去参加国际商用机器公司的一次董事会。在休息时间,他找到了父亲,并对他说:"我想给您看些东西,行吗?"

然后,小沃森在一张大桌子上把这些材料摊开给父亲看。

老托马斯仔细看了半天,沉吟不语。

小沃森借机说:"如果我们设法使设计人员的视野开阔一点,我想我们可以做得比他们更好。"

老托马斯问儿子:"我知道你什么意思。你打算怎么办呢?"

小沃森说:"我想聘请一位最好的工业设计师。此人年纪不大,名叫埃利奥特·诺伊斯。他为国际商用机器公司设计了一种外观甚佳的新式打字机。"

老托马斯点头同意了。

不久小沃森就把埃利奥特带到了公司。他是个很严谨的人,鼻梁上架着副厚厚的眼镜。他也很有头脑,设计产品时什么该有、什么该无,他胸有成竹。他的基本观点是,机器就是机器,设计时不必加以装饰,不必讲求华丽,过分的矫饰只会引起别人的反感。他擅长于建筑设计,认为这一原则同样适用于这一行业。

小沃森带埃利奥特来到纽约国际商用机器公司总部大楼的底层大厅里,这里是国际商用机器公司展示自己产品、宣传自己形象的窗口。

这层楼是当时按老托马斯的审美标准装饰的，其状宛如一艘远洋客轮上的头等舱。里面有老托马斯所喜爱的东方毯子以及镶着金叶的黑色大理石柱子。打孔机、仪表等沿着墙壁展示。拴在锃亮的黄铜杆上的天鹅绒绳索把展品同观者隔开。

小沃森对埃利奥特说："这哪里像一家名列前茅的大企业？国际商用机器公司的外观形象非大大改变不可。"

新式的 702 型电脑定于翌年夏天在那里展示，埃利奥特决定借推出这种新电脑造点声势以引起轰动。他把临街的窗户都蒙了起来，用人造纤维板把大厅同接待处隔开。

埃利奥特每天在里面忙个不停。老托马斯在外面看不到，他非常好奇，每天早上，他都要走进这座大楼，瞅一眼那块用人造纤维板做的隔板。后来他问小沃森："为什么不让我到里面去？他到底在搞什么鬼？"

小沃森当然不会让他进去，否则，他如果发现哪里不合他的意，或许会推翻整个设计。小沃森说："到时候您就知道了，不过现在，暂时保密。"他冲父亲调皮地眨了眨眼睛。

终于到了揭开庐山真面目的时候。

老托马斯一进展厅就被惊呆了：新的资料处理中心面貌焕然一新，显得春光明媚，既新潮，又明亮，十分吸引人。地板全部刷成白色，墙壁漆成鲜红色。墙上用银白颜色书写了"国际商用机器公司-702"字样。连传统灰色的机器也被镀上了铬，在红色墙壁映衬之下十分醒目。

老托马斯看看墙，又看看电脑，再看看墙，往复不止。

小沃森终于忍不住问道："爸爸，你觉得怎么样？"

老托马斯兴奋地说："我喜欢，非常喜欢！特别是这面墙，都是油漆的。往后你们要改变色彩的话，一夜之间就可完成。"

这番赞许使小沃森松了口气。

第二天展销厅开放，上百名新闻记者和摄影记者前来采访。

第三天，全美国40家铁路公司的老板或高级主管应邀前来参观了一个上午，702型电脑使他们开了眼界。

小沃森为这次成功欢欣鼓舞，他让埃利奥特担任国际商用机器公司建筑暨工业设计处处长这一要职："国际商用机器公司应该有一种公认的风格。我希望，凡是本公司的工厂、产品及经销点，任何人只要看上一眼就立即说：'这是国际商用机器公司。'"

但埃利奥特认为，如果确定某种单一而刻板的公司形象，那总有一天会过时的。他建议国际商用机器公司的一切标志都要设计得简明、新颖，让人过目不忘。一旦需要建设楼或翻修装潢，都要聘用最好的建筑师、设计师和造型艺术家，放手让他们发挥各自的风格并加以创新。

埃利奥特给国际商用机器公司推荐的人都做出了杰出的贡献。他亲自设计的建筑物也给人以耳目一新之感。

当时国际商用机器公司正处于扩充工厂最快的时期，至1955年，设在恩迪科特和波基普西的工厂迅速发展，两地的职工都达到10000人之多。

国际商用机器公司还需要扩建，而小沃森不愿意把工厂都集中在一块儿。工厂如此集中，职工上下班都有困难。于是，他想大规模地向西部发展。

由于小沃森是飞行员出身，所以在他眼中，中西部和加利福尼亚离家并不遥远。于是决定在明尼苏达州的罗彻斯特以及圣何塞建一些大厂。按照他的设想，这两个地方都要成为国际商用机器公司的中心，拥有全套的工厂、学校和工程实验室，与国际商用机器公司在恩迪科特的中心相比在设计方面要有所不同。

后来，这两项工程如期完工，在圣何塞的工厂还上了杂志。这两个地方给人以富有生气的感觉，给看到它们的人留下了深刻印象。

小沃森成功地塑造了国际商用机器公司的新形象，并向世人昭示：老托马斯的时代即将结束，小沃森的时代已经开始。

父亲去世悲痛万分

经过多年努力，小沃森引领国际商用机器公司进入了一个崭新的时代。事业上虽然蒸蒸日上，但是他却越来越担心父亲的身体。

这时，老托马斯意识到，他如果继续在位，就免不了受到别人的批评。当初，他把国际商用机器公司员工的退休年龄定在 65 岁。现在，他已是年逾八旬的老人了，可是他从来不提他的年龄和健康状况。显然他日趋衰老，身体一年不如一年。

在最后的日子里，老托马斯有时接连几个星期不到办公室露面。他喜欢到全国各地进行几乎毫无目的的长途旅行。

而在影响国际商用机器公司前途的重大问题上，老托马斯已经开始听从儿子的意见，他充当的是良师益友，而不是顶头上司。他早已停止了同儿子的争论。

在老托马斯的提议下，国际商用机器公司还成为首次提供重要医疗保险的美国公司之一。在小沃森的说服下，老托马斯终于同意让员工认股。

小沃森本来认为父亲会无限期地干下去，会像原来那样在他身旁出谋划策。但是，老托马斯的健康状况却越来越差。

1955 年冬天，老托马斯总是觉得身体不适，一直住在佛罗里达州。由于患有多年的胃溃疡，不断地服用胃药。他不能正常吃饭，身体慢慢消瘦下去，有时还有胃出血的毛病。

有一天，珍妮特打电话给小沃森："汤姆，你劝劝你父亲吧，他不肯听医生做手术的建议。"

小沃森马上说："妈妈，我马上就到。"

老托马斯的医生叫阿瑟·安蒂纽西。他是一位名医，他的病人包括温莎公爵。

阿瑟看完老托马斯胃部的 X 光片后，对小沃森说："你父亲的胃部看上去就像马恩战场，伤疤组织的堆积非常严重，以致他的幽门逐渐关闭，所以他才吃不下饭。一次简单的手术，切除堆积的组织就可修复。但是，你父亲决定不做手术。"

小沃森问："他怎么说的？"

阿瑟说："他本来同意做手术的，可是后来又变了。他说一想到开刀，就有种上屠宰场的感觉。"

小沃森知道父亲的固执，他不愿开刀，就像他不愿坐飞机一样。他从来拒绝做手术，甚至都没有治疗过折磨他半生的疝气。

阿瑟告诉小沃森："你父亲的伤疤组织要是将他的幽门完全堵塞，就可能使他丧命。"

由于没有做手术，老托马斯开始失去消化功能，他在一年的时间里体重减轻了二三十磅，至 1956 年春天，他已骨瘦如柴了。

在他生命的最后几个月里，他每隔 3 个星期就去罗斯福医院输一次血。每输完一次血，他的身体就会好一段时间。

老托马斯直至临终仍有惊人的精力。在国际商用机器公司的一次会议上，有大约500人在一家旅馆的大礼堂开会，他迟到了。会议主持人发现他坐在礼堂的后面，在台上高喊着："沃森先生来了。沃森先生请到主席台上就座好吗？"

已经83岁的老托马斯起身沿着斜通道朝讲台走去，与会者马上站起来鼓掌欢呼。人们越鼓掌，他的腰杆越直，步伐越来越快，终于走到讲台前的台阶。他显得劲头十足，两步并作一步登上了讲台。

在推销员们的热情欢呼声中，老托马斯仿佛年轻了30岁。他在讲台上发表了激动人心的讲话，挥舞着拳头，告诉与会者们："必须利用面前的重要机会，必须使国际商用机器公司永远发展下去。"

1956年6月，纽约热得让人发昏。老托马斯住在新坎南的乡间别墅里，兴致勃勃地坐在电视机前看当年的大选。看到政客们的反复表演，他放声大笑。他的神志十分清醒，没有疼痛，但是，由于不能吃饭，他已没有任何力气了。

月初，小沃森看望了父亲后，前往罗得岛纽波特准备参加纽波特到百慕大的快艇赛。他从小就喜爱快艇，因此亲自挑选了一组优秀的队员，已把一切工作准备就绪。

比赛前的一天，母亲打来电话，小沃森登上码头接了电话。她说："汤姆，我想你还是不去比赛为好。你爸爸病得厉害，恐怕快不行了。"

小沃森回到快艇上，指定那位老资格队员为船长，对他说："你把船开到百慕大。"然后匆匆赶回父亲所住的新坎南。

当小沃森站到父亲面前的时候，父亲仍然十分清醒，说："噢，儿子，真糟糕，你不该错过这场比赛。"

小沃森说："可我只想待在您身边。"

弟弟和妹妹们也来了，他们轮流到房间里去探望，每次时间都很长。他们一起回忆着过去的美好时光。

每当一个人走进房间同老托马斯交谈的时候，珍妮特总是说："你们为什么不让他休息一会儿？"但过了一会儿，下一个人又进去了。

老托马斯知道他即将离开人间，可是他从来没说"我想让你们好好照顾妈妈"之类的话，他只是不断地同他的每一个孩子回忆往事。

第二天，老托马斯就进入了昏迷状态。那是一个星期天，小沃森和弟弟妹妹找来一位医生。

医生看了说："你父亲已经心力衰竭。"

小沃森马上叫来救护车，把父亲送到了纽约。

阿瑟医生当时正在休息，他为老托马斯在罗斯福医院安排了一间病房，并让一个助手在门口迎接。

老托马斯的病因是胃堵塞，此时做手术已经太晚了。阿瑟第二天赶回来，他看了之后告诉小沃森："你父亲快不行了。"

老托马斯有时会从昏迷中清醒过来，但是很快就又昏迷过去。

慰问的电报开始从世界各地雪片般地飞来。艾森豪威尔总统想给老托马斯打电话，当他知道老托马斯不能讲话的时候，他发来了电报。电报的大意是：

> 你的一生是了不起的一生，但是你还应该再作出更多的贡献。祝你早日康复。

小沃森走进病房，把总统的电报给父亲读了几遍，他似乎是听到了。

几天过去了，小沃森不时地去街上的教堂祈祷。这是一段痛苦难熬的时间。他不能描述自己的悲哀，但是他感到自己生活的很大一部分将被夺走。

这天，在灯光明亮的病房里，老托马斯躺在病床上，头部稍稍抬起，双目紧闭，没有戴氧气罩，珍妮特和几个子女都守护在他身旁。他深深地吸一口气，然后就停止了呼吸。

小沃森和母亲、弟弟、妹妹开始哭泣。

护士走进病房，随后医生又来了，他摸了摸老托马斯的脉搏，宣布他已经走完了他83年的人生之旅。

小沃森和弟弟迪克去安排丧事，他们一致认为，要把葬礼办得像父亲在世时举行的国际商用机器公司会议一样隆重。

首先，他们发电报给国际商用机器公司的每一个分公司和父亲的所有朋友。通知全世界的所有本公司的工厂停工，下半旗志哀。凡是想来纽约参加葬礼的员工都可准假，但是不担负旅费。

国际商用机器公司在总部门厅的窗户上挂上了老托马斯的照片，周围罩上黑纱。《纽约时报》用4栏篇幅刊登了讣告，援引了艾森豪威尔总统的声明中的一段话：

> 托马斯·沃森的逝世使我国失去了一个真正的杰出美国人——一个首先是伟大的公民和伟大的人道主义者的企业家。我失去了一位挚友。他的忠告始终体现出对人民的深切关怀。

按照老托马斯的遗愿，举行了古朴而又隆重的葬礼。

老托马斯躺在开盖的棺材里，让朋友们瞻仰他的遗容，随后在公园路布里克长老会教堂举行一次隆重的葬礼。

随后，老托马斯生前的好友100多人，有联合国秘书长和外交官、公司老板以及在国际商用机器公司工作的普通员工，将教堂挤得水泄不通。

举行葬礼的时间到了，小沃森盖上了棺盖，走到那个教堂。正值夏季的第一天，纽约天气炎热，细雨蒙蒙。门厅里挤满了人，旁边的小教堂里坐满了人，就连地下室里也站满了人。

专用音响系统使所有参加葬礼的人都听到了沃尔夫博士的讲话。他在祷词中高度赞扬了老托马斯取得成功的决心和朴素作风以及他对人民的献身精神。

葬礼仪式结束后，全家前往墓地给老托马斯下葬。

失去了父亲，小沃森感觉自己就像一艘失去了航向的船，很长时间都无法从悲痛中解脱出来。

成功对公司进行改组

1956年，父亲死后，小沃森悲痛不已，他只好出去转了一圈。

从阿拉斯加回来后不久，他站在办公室外面的走廊里，呆呆地看着通向楼上他的办公室的楼梯。除了迪克在世界贸易公司的业务以外，国际商用机器公司的重担此时都落在了他的肩上。此时，他感到负担如此沉重。

一个领导人死后，可能发生的最糟糕的事情就是他的追随者失去原来的士气。小沃森很快就发现了这种迹象。

有一次，国际商用机器公司的两个分部曾不知不觉地投标彼此争购用于修建工厂的同一块土地。

其中一个分部经理找到小沃森说："我真不明白，这样内讧有什么好处？争相抬价，最终吃亏的都是我们国际商用机器公司。"

小沃森找到另一个分部的经理询问。他也很委屈："我们也不知道竞标的另一方是他们呀！"

小沃森意识到，这种误会是由于长期单一集权的管理体制造成的，各部门之间缺少沟通，凡事只听他一个人的。他每天都要接待大量的人员，有的甚至要排上好几天才能见到自己。这是父亲在时那种小作坊式的管理方式，已经无法适应如今繁杂的工作了。小沃森下决心对国际商用机器公司进行改组，以防止这种情况发生。

小沃森找到了国际商用机器公司的组织设计师布鲁恩："我们必须改组，这种体制已经再无法让我忍受了。"

布鲁恩马上表示赞同："是啊，我们早就该这么做了。"

小沃森眼睛一亮："看来您是早有计划了。您是工商管理硕士，在这方面是专家，不妨发表一下您的高见。"

布鲁恩也不客气，他走到桌前，拿起一支笔在纸上画着："我们先画一张组织图吧！您看，金字塔的最顶层是您，公司总裁；下面是第二层，最好分成几个大部分，由几个副总裁组成；再下面的第三层是分部经理。这样，向您汇报工作的就只有几个副总裁，您就可以省出很多时间来，而不必事必躬亲，忙得团团转。"

小沃森举一反三说："太好了！我看还可以加上一条，一些小事副总裁可以自己做主，不必事事向我汇报。但是，各部门之间还是缺乏沟通，这该如何解决呢？"

布鲁恩说："我们可以成立一个公司管理委员会，委员会由公司的高层领导组成，定期召开例会沟通情况。另外，我们还需要成立一个由专家组成的智囊团，对我们的各项决策提供参考和依据。"

小沃森双手一拍："好！马上准备，年底之前就召开会议，宣布我们的决定。"

于是，在年底之前，国际商用机器公司在弗吉尼亚州威廉斯堡召集 100 名左右的高级经理开会，比以往更加广泛地划分权力和责任。在 3 天的时间里，彻底改变了国际商用机器公司的面貌，几乎没有一个人的职务跟他前来开会时的职务是相同的。

这次会议打算开成一次新国际商用机器公司的组织会议。几乎每一个与会者事先都对会议的内容有所了解，在那个租用的会议室里，每个人都怀着激动的心情期待着。在那年发生的重大事件之后，人人都觉得这是一个起飞点。

这是国际商用机器公司在没有老托马斯参加的情况下举行的第一次重要会议。小沃森当时42岁，从事管理工作只有10年时间，但他却铿锵有力地说："同仁们，我们过去都是实干家，但现在我们要学会充分调动所有人的积极性，靠他们出谋划策，解决我们的许多错综复杂的问题。我相信，只要我们大家心往一处想，劲往一处使，一定能解决更多的问题！"

威廉斯堡会议与其说是改组，不如说是创建了国际商用机器公司有史以来的第一个自上而下的组织。国际商用机器公司保留了已经成立的产品分部，对它们进行整顿，以便使每一个经理都有明确的任务，然后取消对它们的限制，使它们有相当大的灵活性。

在公司的内部，为监督各项计划和重大决定的实施，成立了一个六人公司管理委员会，其成员有小沃森、威廉斯、拉莫特、迪克、米勒和利尔森。小沃森让每一个人负责国际商用机器公司的一项主要工作，由自己统管公司的全盘工作。

最后，还成立了一个公司参谋班子，其成员有金融、制造、人事和联络等领域的专家。他们的任务是充当神经系统，防止年轻的国际商用机器公司新公司像在几个月前发生的情况那样出现失误。

所有决定得到与会者一致鼓掌拥护。在这种安排中，一线经理好像战地指挥官，他们的任务是达到生产目标，超过销售定额，夺取市场份额。与此同时，参谋相当于将军的助手，他们为其上司出谋划策，从总部向下级传达政策，处理规划和协调等错综复杂的事务，通过检查工作确保各分部追求正确的目标。

接着，当场宣布成立参谋班子，可是人手不够，空缺几十个职位，国际商用机器公司又没有多少在职专家，只好让人们边干边学，"造就"国际商用机器公司自己的专家。在会议中，一些经理提出了很多很好的问题和建议。

有人问："对于智囊团和一线人员之间的矛盾我们如何调和呢？"

布鲁恩答道："这个问题我们已经考虑过了。如果一个项目未经智囊团的参谋人员签字同意，就不能最后拍板。但如果签了字，参谋人员同项目经理就共担风险。如果双方无法达成一致，那就把问题提交给上级处理。一旦上级作出决定，双方必须遵照执行。"

威廉斯堡计划的强大力量在于，它给经理们提供了最明确的目标。每个经理的工作好坏，完全看他所在部门的效益；每个参谋的工作好坏，完全看他在其专业领域为使国际商用机器公司成为世界第一流公司所做的努力。所以，关于每一项经营建议，财务人员都要求知道如何增加利润，公关人员都力争确保提高国际商用机器公司的形象，制造人员都坚决保持工厂的最高生产率和产品的质量。

经过几天的讨论，会议结束了，国际商用机器公司发生了脱胎换骨的变化。为了突出这种变化，公司的内部报纸出版了一期特刊，刊登了国际商用机器公司有史以来的第一个组织结构图。

威廉斯堡组织方式是在恰到好处的时候确定的，因为当时国际商用机器公司的增长速度不断加快，除了1943年的战时扩展以来，在父亲去世后的两年里，这个企业的发展速度比它历史上的任何时候都快。

在威廉斯堡会议的几个月之后，国际商用机器公司在转向晶体管方面遇到了重重困难。晶体管是未来电子工业的主流，它比电子管速度快、产生的热量小，不易损耗，实现微型化的潜力大。当时还没有人出售晶体管计算机，但是许多公司都在竞相使晶体管计算机臻于完善。

小沃森当然不会放过这一点："我们必须把晶体管应用于计算机。"

国际商用机器公司也在波基普西实验室试制晶体管计算机和计算器。当时的困难主要来自成本。晶体管的售价每只大约 2.5 美元，看来好像无法设计出能够赚钱的晶体管计算机。但是，伯肯斯托克指出："我们只有采取积极的行动，才能克服这种困难。"

小沃森得知主要半导体供应商是达拉斯的德克萨斯仪器公司，他们首先学会了晶体管的大规模制造方法，比其他大电子管制造商都抢先一步。1956 年，晶体管收音机诞生了，它成为消费者的抢手货，并使德克萨斯仪器公司独占鳌头。

小沃森立刻派伯肯斯托克乘飞机前往达拉斯向德克萨斯仪器公司求援。他们同意帮助国际商用机器公司修建一个有批量生产线的工厂，这大大降低了晶体管的成本。作为交换条件，国际商用机器公司答应使用他们新工厂生产的绝大部分晶体管。

这个大胆的计划激励国际商用机器公司将自己所有的产品都实现晶体管化，因为用的晶体管越多，价格就越便宜。

正当波基普西实验室的计算机工程师欢欣鼓舞时，而恩迪科特实验室打卡机设计师却提出了强烈抗议。他们刚刚学会使用电子管，现在又要学习使用晶体管技术，变化之快让他们无法适应。

但小沃森却说："这就是科技，我们必须跟上技术更新的步伐，走在计算机技术的最前列。"

打卡机工程师们仍然不为所动，他们在新的设计图纸上仍然画满了电子管。

这让小沃森大为恼火，他下达了书面命令："从 10 月 1 日起，我们不再设计使用电子管！"

但恩迪科特的工程师们却反唇相讥："他知道什么？"

小沃森一下买了 100 台德克萨斯仪器公司生产的晶体管收音机，每次去恩迪科特时都随身带上几台。一旦听到工程师说晶体管不可靠，他就从口袋里拿出一台收音机，让他使用，看看能不能用坏。

在小沃森的坚持下，国际商用机器公司的机器全部应用了晶体管技术。至 1961 年初，美国人使用的电脑有 2/3 是国际商用机器公司生产的。

结识赫鲁晓夫和肯尼迪

1955 年年中，小沃森从收音机里听到赫鲁晓夫将访问美国。他想："如果能邀请赫鲁晓夫来国际商用机器公司，那将是让公司扬名的好机会，并且将带来苏联的巨大市场。"

小沃森先给国务院打了一个电话："我想请赫鲁晓夫来参观一下国际商用机器公司，这并不违背外交礼节吧？"

一位负责安排赫鲁晓夫访问日程的官员对他说："没什么问题，但他可能不会去。"

于是小沃森直接向克里姆林宫发了电报：

尊敬的赫鲁晓夫先生：

我诚恳地邀请您参观我们国际商用机器公司先进的电子工厂。我们纽约、加州和圣何塞等地都有这样的工厂，您哪怕在那里只做短暂的访问，我们都欢迎。但我们建议您，如要真正了解我们的产品和生产人员情况的话，最好上午就来，然后在本公司用餐。

此后几个星期，小沃森没得到任何信息。他本来并没有抱很大的指望，这事也就搁下了。

　　没想到过了些时候，国际商用机器公司在圣何塞工厂的总经理突然给小沃森打来电话说："要我给您做些什么吗？"

　　小沃森听了这没来头的话，顺口反问："你是什么意思？"

　　总经理说："刚才我接待了两位苏联中将，他们是来工厂做安全检查的。"

　　小沃森精神一振："这说明赫鲁晓夫同意来访了。你们赶紧准备一下吧！"

　　国际商用机器公司为了赫鲁晓夫来访整整忙了几个星期。他将按计划访问好莱坞电影制片城、一所大学、一家农场，还有两家重要的公司。

　　小沃森先去联合国请了一名翻译，在赫鲁晓夫来到的前几天又赶到圣何塞并在旅馆设了一个接待机构。小沃森还预测了各种潜在的麻烦并制定了避免突发事件的措施。他在工厂的布告栏上贴出告示：

　　　　我邀请赫鲁晓夫来访不是赞同他的政权，我考虑的是通过他的访问能够增进美国的利益。任何人如果不想看到他的来访，可以自动放假两天，工资照发。

　　当时共约 20 名员工主动"放假"。

　　在赫鲁晓夫到访的前两天，小沃森来到了工厂，审视了接待计划。他问工程师："你的电脑表演估计要用多少时间？"

　　"差不多 15 分钟，包括提问题。"

"但我们当初准备用 20 分钟来展示的，那剩下的 5 分钟做什么呢？"

"我将谈谈被流放到苏联的波兰人的困境。"

"埃德，你要知道，你不能那样做。"

"这对我来说很重要。"

"赫鲁晓夫是我们的客人。除非你以名誉保证不那样做，否则我不能让你来表演操作电脑。"

他移开目光，沉默了良久，最后同意不这么做。

小沃森还了解到，赫鲁晓夫很喜欢美食。本周早些时候，小沃森就仔细地指示餐厅主管安排自助餐，并说："我们向赫鲁晓夫展示的是工厂普通一天的情况。不要做什么特别的安排，只安排一顿平常的午餐。"

他果然安排了一顿十分普通的午餐，然而做的质量很高，真是色、香、味俱全，简直盖过了名厨沃尔道夫的手艺。

小沃森给了赫鲁晓夫一个托盘，自己也拿了一个。自助餐为了限制每次所取的量，所用的盘子和碗都是比较小的。但赫鲁晓夫却把他碗里的食物装得满满的，然后朝小沃森眨了眨眼，又给了他一个会心的微笑，这引得小沃森也笑了起来。

《纽约时报》的记者马上拍了下来，第二天就刊登了出来。

午餐把赫鲁晓夫带进了愉快的情绪中，他对小沃森说："你很懂得心理学，你用美食抓住了我的心，作为我们结识的开端。"

饭后，小沃森带着赫鲁晓夫去参观工厂。赫鲁晓夫看到国际商用机器公司现代化的程度非常惊讶，他说："我们苏联必须也要有这样的工厂。"

赫鲁晓夫走着走着，突然走向几个工人，亲切地拍着他们的肩膀问："你做的是什么工种的工作？你的工资多少？在食品上你要花多少钱？这是一般水平的工资吗？"

赫鲁晓夫在参观时，还向工人分发并让他们别上了"人造卫星"纪念章。最后，赫鲁晓夫站到讲台的麦克风前致辞，感谢国际商用机器公司对他的热情款待，然后发表了讲话。这个讲话据说是他访美期间发表的最友好的讲话。他说，苏联愿意和美国人民和美国政府成为朋友，他从未把两者区别开来。

从此之后，小沃森逐渐开始渴望成为国家的杰出人物。虽然他过去没有想成为政治家的念头，但此后却希望可以去华盛顿为政府成功地做点事情，如同他成功地管理国际商用机器公司。

杰克·肯尼迪大选的胜利改变了小沃森在工商界的地位。在肯尼迪当选总统前，企业界绝大部分人把小沃森当作偏激的自由主义者，他们之所以能容忍他是因为国际商用机器公司的成功发展。

但现在，企业家理事会突然提升小沃森为副主席。事后他想到，自己正在成为企业界和白宫之间的"桥梁"。

早在20世纪30年代，杰克·肯尼迪的父亲是驻英国大使，奥丽芙经常邀请他们家的人到家里做客，而当时杰克·肯尼迪只有5岁。

肯尼迪家族的人开始经常去斯托，他们经常在小沃森家聚会。

1958年，小沃森初次遇到杰克·肯尼迪，当时他们各自坐飞机去华盛顿，他们一起聊天，谈到了双方的家庭。多年来，小沃森经常听到奥丽芙和妹妹对他的夸奖。

当小沃森在电视上看到肯尼迪和尼克松辩论的情景后，就认定肯尼迪将赢得选举的胜利。于是给肯尼迪写了一封信："我支持你，坚信你能当选总统。"

后来，肯尼迪的一位支持者给小沃森打电话，要求他在报上公开宣布支持。

但小沃森却说："因为我是公司的董事长，我和民主党人、共和党人都要打很多交道，因此，我不能那样做。但在我将投谁的票的问题上，我不保密。你们可以公布这些话。"

小沃森为肯尼迪的当选卖了很大的力，从捐款、写信，直至直接为他拉票。肯尼迪终于赢得了总统选举，于是，小沃森和奥丽芙经常被邀请去白宫做客。

在肯尼迪当政的年头里，小沃森得到了机会和路子去熟悉并接近政府，在许多的委员会里挂职，并成为了工商界的领袖。这时，小沃森真正觉得自己是在和一些强人同行，也为很多事情能达成一致而感到欢欣鼓舞。

当肯尼迪总统遇刺的时候，小沃森正在纽约和一批工商界人士用午餐，突然哥伦比亚广播公司的老总被叫了出去。不一会儿，他走回房间在宴会主席的耳边小声说了几句话。

主席立即站了起来说："总统刚才在达拉斯遇刺，伤势十分严重，可能活不了了。"大家听后都站了起来，各自回到了自己的办公室。

小沃森匆匆地与客户谈了 20 分钟，然后就马上回家了。到家不一会儿就接到了肯尼迪下属人员的电话，说总统已经死了，还说正在筹备葬礼。

当天晚上，小沃森就写信给当时的副总统约翰逊，向他表达对他的由衷的支持，告诉他一件庄严而艰巨的任务落在了他的头上。

亲爱的总统先生：

当您面临严峻的考验和即将肩负起自由世界最为重要

的任务时，我在此坚信并祝愿您定将取得巨大的成就。

我有幸在过去的两年半中结识您。我十分敬佩您的能力、机智和干练，精明的外交技能。尤其在当今充满挑战的年月里，美国有幸有您作为新总统；自由世界也有幸有您作为领袖。

如有需要的地方，我将高兴地为您效劳。我将永远跟随在您的身旁。

您忠诚的汤姆·沃森

中午，小沃森又接到了一个电话，是肯尼迪的工作人员打来的，邀请他和奥丽芙与参议员以及大法官一起向肯尼迪的遗体告别。

约翰逊接替了总统的位子。许多人告诉小沃森，总统把他的信给他们看过。后来，约翰逊总统邀请小沃森担任商务部长，但他婉言谢绝了。不过，在总统的支持下，国际商用机器公司得到了政府的支持，取得了更快的发展。

选定公司的接班人

　　1961 年，老托马斯逝世后的第五周年，那时国际商用机器公司的规模已经是老托马斯逝世时的两倍半了，年销售额已达 20 亿美元，加上迪克的国际商用机器公司国际贸易公司，股票总额增加了 4 倍。

　　1961 年初，在美国正在运作的 6000 部电脑中，有 4000 部以上是国际商用机器公司生产的。

　　在这 5 年里，国际商用机器公司内外的人们都领会到托马斯·沃森就等于国际商用机器公司。但这时，小沃森却决定将威廉斯升为总裁，把自己升为国际商用机器公司的主席，仍保留董事长一职。不过，威廉斯比小沃森大 4 岁，显然他会更早退休。

　　他对小沃森说："我已经辛劳了一生，我现在想在今后有生之年过过清静的日子。"

　　1966 年来临时，小沃森就不得不物色新的总裁人选了。

　　小沃森思索着："谁是最合适的人呢？"

　　突然他一拍脑袋："还有谁能比弟弟迪克更合适呢！而且这也

是爸爸的遗愿！"

迪克比哥哥小 5 岁，多年担任国际商用机器公司国际贸易公司总裁。他头脑灵活，自信果敢，又懂得好几门外语，外交能力极强。

迪克的成绩也是有目共睹的。至 1960 年，他的国际商用机器公司国际贸易公司的营业额已达 3.5 亿美元，年营业额的增长率是国内部分的两倍。由于他的勤奋和努力，公司的发展是美国少数几个能与欧洲经济奇迹般发展并驾齐驱的公司之一。

小沃森找到威廉斯："阿尔，你看将来谁能接我们的班？"

威廉斯与小沃森观点一致："我看是应该把迪克调回来了。"

小沃森见威廉斯与自己竟然不谋而合，于是就说出了自己的想法："好吧，我可以先推举他担任高职，树立一下威信，然后接替你担任总裁。然后当我到合适的年龄退下来后，由他担任主席的职务，至少可以干 5 年至 10 年。"

1963 年的一天，小沃森打电话对迪克说："你在国际贸易公司成绩斐然。父亲早就预见过，国际贸易公司的买卖将会做得比总公司还大，看来他说得很有道理。但我现在考虑的是你将是公司第一把手的头号候选人。现在告诉我，你准备一直待在国际商用机器公司国际贸易公司作为一个国际主义者呢，还是先回来担任总经理？"

迪克说："我要先认真地考虑一下此事。"

第二天，迪克就跑来找哥哥了，他说："如果有机会管理总公司的话，我不妨试试。"

与此同时，国际商用机器公司已准备生产电脑新系统"国际商用机器公司 360 系统"。它的应用范围十分广泛，从工商界直至科学界。《幸福》杂志称之为"国际商用机器公司的 50 亿美元大冒险"，并说，"从当前商业观点来判断，此项工程现在和将来都有决定性意义，也最具冒险性"。

开发新系统意味着国际商用机器公司将进入巅峰时期。这时，小沃森把迪克推向了前台，让他和利尔森共同负责"国际商用机器公司360型系统电脑"。

利尔森不愧为国际商用机器公司新电脑之父。他一心想让国际商用机器公司的360型系统电脑战胜所有其他的电脑。取代它们的将是一代全新的电脑，这个电脑家族具有兼容性，尽管在型号上有巨大的区别，但它们能使用相同的软件，配置相同的磁盘驱动器、打印机和其他配件设备。一旦客户使用上这种机器，他们将在长时间里摆脱不掉对国际商用机器公司的依赖。

从一开始，国际商用机器公司就面临两种危险，第一个难题是协调设计新生产线的软件和硬件。几十种配套设备都能相互连接使用，软件仍然是最大的障碍。为了使360型系统电脑长期具备独特的性能，须设计编写几百万条电脑程序。谁也没有干过这样复杂棘手的事情，工程技术人员是在极大的压力下工作的。

第二个难题是国际商用机器公司要自己制造电脑的电子零部件。还没有人把集成电路应用在电脑的开发上，然而360型系统电脑将大量使用集成块。

威廉斯说："我们现在搞的是一代全新的电脑，旧的电脑以及它的程序将完全被淘汰，因此怎么可能从别人那里买到原件呢？既然我们做的是新一代电脑生意，最好我们自己学会制造。"

小沃森同意了。以前建造工厂极为低廉，每平方米的造价仅为40美元，但生产集成电路块的工厂要求极为严格，无尘的要求使每平方米的造价高达150美元。当造价单报来的时候，大家都十分吃惊。

每次董事会讨论关于造价问题，董事们总是问小沃森："你真认为需要花这么多钱吗？这是不是狮子大开口？你搞招标了吗？这些工厂是否太豪华和奢侈了？"弄得他十分被动。

国际商用机器公司本打算在1964年4月宣布第一部360型号电脑诞生，然后在18个月里逐步淘汰旧的产品，现在的产品可以顶上一两年。经过科学的测试，360型系统电脑的性能大大优于其他公司最新的电脑产品，然而这些产品的质量已经超过了当时库存的旧产品，而且相同价格的产品，功能却比国际商用机器公司的产品多两三倍。

1963年，推销部门来了一个紧急报告，公司的推销工作已经顶不住别家公司的竞争了。那年，电脑行业的需求增加了35%，国际商用机器公司的才增加了7%，是自第二次世界大战后的最低点。

看来唯一的解决办法是让360型系统电脑尽早问世。但当时这种电脑系列即将完工，可还没有进行规定的测试程序。一个较大的危险是，一旦国际商用机器公司开始接受订单，为了使这项十分复杂的电脑系列的每项产品能及时交货，所有工厂将立即处于巨大紧张的运转之中，那可是任何环节都不能出半点差错。

面对着这项最大、最富冒险的决策，小沃森连续几个星期都处于焦虑思考之中。

1964年4月7日，也就是国际商用机器公司成立50周年，国际商用机器公司宣布了360型系统电脑制造成功。为了吸引尽可能多的公众注意，国际商用机器公司在美国的63个城市和14个国家举行了记者招待会，全世界有10000名贵宾与会听取产品介绍。

在纽约，国际商用机器公司租用了一辆专列火车，载着200名记者直驶波基普西市，在那里举行了最大的新闻发布会。小沃森介绍了360型系统电脑，并向来宾们展示了6种新式电脑和44种新式的配套设备。

国际商用机器公司里洋溢着欢欣鼓舞的庆祝气氛，一个崭新的电脑时代即将开始。当时，迪克负责工程和制造方面的工作，利尔森则负责销售事宜。

迪克虽然还从未开发出一个重要产品，但他以前在欧洲负责国际商用机器公司国际贸易公司的一系列复杂工厂的工作。利尔森本人具有巨大的推动力，并有多年的销售经验。

当任命宣布后，小沃森和威廉斯都十分放心，并宣布他们将不再管公司的日常事务。还设置了一个合作行动委员会，由利尔森和迪克共同担任主席，两个人共同负责。

工程和制造方面的工作已经取得了巨大的进展，而这项电脑系列的销售则是从零开始，他们不仅要和竞争对手"斗法"，还要说服顾客采用360型系统电脑。人们习惯于用原来的机器，一旦要换电脑时，他们总是担心要重编软件程序。

小沃森担心失掉客户，于是把迪克和利尔森叫到办公室来，对利尔森说："如果销售人员为推销这些电脑需要新的或者特别的软件，我希望你能明确而大声地说出来，我们将安排生产。"

他又对迪克说："一定要配合销售部的业务。"

出乎小沃森预料的是，国际商用机器公司在短时间内收到了大量的订单，比预期的要多得多，新的订单仍接踵而来。这让每个人都很高兴。

光在软件开发上，国际商用机器公司一共花了5亿美元，这不仅是360型电脑系列中花费最多的项目，也是国际商用机器公司有史以来最大的支出了。

就在宣布 360 型系统电脑开发成功的 6 个月之后，小沃森在星期一的办公会议上做了紧急布置，取消了迪克和利尔森共同负责的合作行动委员会，改由一个新的管理检查委员会来代替。该委员会由 5 人组成，有威廉斯、迪克、利尔森和小沃森，还有布伦。

这次变换的原因是，迪克和利尔森之间存在着矛盾；小沃森和迪克之间也结了点疙瘩。小沃森时时盯着弟弟在工作中的表现。

1964 年世界博览会上，小沃森和迪克一起前往参观，他们走过刚刚发青的草地来到国际商用机器公司的展品馆。

那时候集成电路刚刚问世，在展览会上一位工作人员介绍说："这是一种新型的即将崛起的电脑，这种电脑装有一种电子片，叫作单晶硅片。"

小沃森还是第一次听说竞争对手们正在开发这种产品，如果他们使用这种陶瓷金属集成块的话，那将大大领先国际商用机器公司生产的 360 型电脑系列。他当时听后很感吃惊，技术是由迪克负责的范围，于是他问迪克："这种电子零件到底是什么？"

迪克也是一脸迷惑的样子，反问哥哥："什么叫单晶硅片？"

小沃森当时马上大声地训斥了迪克："什么?! 作为负责技术的副总裁，你连这个也不知道吗？对新技术一无所知，我们想制造出世界上最好的计算机不是天方夜谭吗？如果不采用这种新技术，那我们的 360 型电脑系列还没有投放市场就会遭被淘汰的命运！我们压着 50 亿美元的赌注，那可是我们的身家性命。快去弄清楚！"

事后发现，国际商用机器公司的科技人员对单晶硅片也已研究好几年了，所以不存在危险。

1965 年，数百台 360 型系统电脑终于及时交货了。

但小沃森却高兴不起来，因为这时迪克和利尔森的关系越来越僵。他们不是互相支持而是相互竞争，利尔森把销售部的工作做得十分出色，而且不断地把客户拉到了国际商用机器公司这边，但他不断地要求改进和增加电脑的功能，以便于销售。

他说："如果我们的电脑不具备某种功能的话，我们就难以向航空工业界出售。"

当然，小沃森就要求迪克做到这一点。每次迪克总是照利尔森的要求去做，但有一次他终于反击利尔森说："我已经对产品定下了规格，我们生产什么产品，你就去卖什么产品就是了。"话虽然这样说，迪克仍然去工程部按要求进一步布置工作，并向工程师们施加更大的压力，督促他们的工作。

迪克在这样巨大的压力下干得并不出色。他的另一个问题是他对下属未能起到好作用。他的最高副手是一个修养很好的人，有一次，正在开星期一办公会议，那位副手来报告说生产出现了严重问题，调子还是那样不紧不慢。这次小沃森实在失去了耐心，大声训斥了他。这时迪克插进来为他辩护，小沃森也把他训斥了一顿。

10月中旬，迪克跑来对哥哥说："我们的集成电路板又出现了镀金属的问题，我们将不得不推迟交货。"

小沃森听了一惊，他问迪克："交货时间要推迟多久？"

迪克说："可能要3个月。"

小沃森顿时惊慌起来。在国际商用机器公司的历史中，交货从没有推迟过这样长的时间。

小沃森立刻把公司最强的工作人员动员起来，要求他们马上到出现问题的工厂去了解情况。他和威廉斯也一起去，就连早已退休的雷德·拉莫特也被找了回来，让他提出解决问题的意见。

迪克已经很少和哥哥说话了，这种情况就像当初小沃森与父亲的情况一样。小沃森明白，当初把迪克调到国内总公司来的计划已铸成了大错，这不仅影响了迪克的前途，也影响了兄弟间的个人关系。

小沃森和威廉斯商量："阿尔，这可如何是好？我已经感到心力交瘁了。"

威廉斯说："如果要使360型系统电脑的生产摆脱困境，我们就必须让一个'独裁者'来管理。"

小沃森也有同感："那最合适的人选就是利尔森了。在过去的几年中，他一再证明了自己有解决难题的能力，而且原本整个360就是由他来负责的，相信这次他也能使360型电脑系列生产安然无恙。"

威廉斯说："我还以为你会选迪克呢，因为他毕竟是你们沃森家族的人。"

小沃森说："重要的不在于他是不是沃森家族，而在于是否对国际商用机器公司有利。"

威廉斯钦佩地说："汤姆，你的成功就在于你具有非凡的勇气。由此我相信，这次我们一定能够渡过难关。"

小沃森生怕会对迪克产生重大的影响而深感忧虑。一天下午，他把迪克叫到办公室，对他说："弟弟，我想告诉你一些事情，也许你听后会感到不舒服。国际商用机器公司的未来取决于360型系统电脑的开发和生产，现在看来这个计划的进展情况让人担心。我准备整个工程交给一个人去完成，我相信他是能够使这项工程转危为安的。那个人选就是利尔森。我想让你去管理合作部，如何？"

迪克听后立刻暴跳如雷，并愤怒地说："你的意思是，整个工程都由利尔森一个人全权负责，我以后在公司里不过跑跑龙套罢了?!"

从此，国际商用机器公司开始逐渐摆脱了生产的困境。第一批产品尽管不算最好，但维修人员始终使这些机器能良好地运转。国际商用机器公司后来制造的产品越来越多，质量也越来越高；就连长时间被耽搁的软件产品最终也顺利产出。

1966 年 1 月 26 日，董事会选举利尔森为公司的总裁。威廉斯还担任董事执行委员会的主席。迪克担任副总裁、执行董事，他仍然是国际商用机器公司国际贸易公司的主席。

事后的几个月里，迪克很少来办公室。小沃森感到很难过，毕竟那是他的亲弟弟。不过小沃森并不后悔，他说："只要是为了国际商用机器公司，一切都不重要。"

功成身退离开公司

小沃森执掌国际商用机器公司的 10 余年中，由于小沃森的开拓性经营发展，国际商用机器公司取得了长足的发展。公司股票上市、实行年薪制，305 型、360 型等不断更新换代，并推出了 ROT-TRAN 语言。国际商用机器公司已经发展成为一个年营业额达 70 亿美元的大型企业。

同时，小沃森还协助纽约州参议员罗伯特·肯尼迪，发出"向贫穷开战"的号召，建立各类职业培训中心、培训学校，传授各种专业技能，专门培训那些无业的人员，然后再把他们招入国际商用机器公司。尽自己最大的可能帮助困难的人，这也是小沃森作为企业家的另一种境界——社会责任感。

1970 年，经历了国际商用机器公司多年的辉煌之后，小沃森开始厌倦了这种没完没了的拼搏与决策。当时他已经 56 岁了，开始梦想过一种完全不同于往昔的生活。

在小沃森的办公桌最上层的抽屉里，放着一个秘密的单子，当没有别人的时候，他就拿出来看一看。上面列的都是他希望去进行的"探险"计划：首先要去攀登麦特山，然后驾船去北极探险航行，还要去合恩角，最后是单独驾船去天涯海角航行。

他希望能和孩子、妻子欢度余生，而对工作的热情正在迅速地挥发和消失。

他想："匆匆之间过了15年。父亲以前就是这样终其一生的，我也是天生一个劳碌的命，一直不断地应付这种快节奏的场面。我不能再这样下去了，事情看来要玩完了。"

迪克辞去了国际商用机器公司的工作，被政府派往法国巴黎担任美国驻法大使。看到弟弟能够晋升，并且能够以自己的才能为国家服务，小沃森感到心上的石头也落了地。

那时候，妹妹简·沃森也因为得了癌症而将不久于人世。当尼克松任命她的丈夫为副国务卿时，她已经病得无法随同丈夫去华盛顿了。小沃森与妹妹一起度过了她最后的日子，她的死使哥哥十分痛苦。

到了1970年，小沃森的神经衰弱也变得严重起来。周围的人都说他的脾气变得越来越反复无常，为一点小事情就会发脾气，使得很多人没有非常必要的事，就不会到他那里自讨没趣。

11月中旬一个星期三的下午，助理琴·凯希尔走进办公室，看到小沃森正疲惫地趴在桌子上，她紧张地问："沃森先生，你还好吗？是不是不舒服？"

小沃森抬头看了看琴："我还好，只是觉得有点累。"

琴说："要不我还是开车把您送回家去吧！"

小沃森摆了摆手："不必麻烦了，谢谢。我可以自己开车回去。"

在前一天，小沃森得知他在大学时的好友尼克·路肯的死讯，他也已经病了好几年了。他想："难道我们这一代真的都老了？我怎么没想到人会这么快变老！"

小沃森准备第二天清晨去参加尼克的葬礼。

可是当天半夜，小沃森被胸口一阵疼痛弄醒了，第二天疼痛仍然没有消失。

奥丽芙当时和朋友们正在加勒比海度假，无法立刻赶回来照顾小沃森。小沃森只好自己开车去格林尼治医院急诊室就诊。医生安排小沃森进了观察室。

第二天早上，小沃森觉得自己已经好了，就对进来检查的一位医生说，他想出院。

医生说："不行，你要住院治疗。"

小沃森着急了："那哪行，我今天还要去参加一个朋友的葬礼……"

医生打断了他："你哪里也不能去。你得了心肌梗死病。"不由分说就用车把他推到了急诊室，放进了氧气帐里，后来又进来了好几个医生，他们看起来都很紧张。

在氧气帐里有个话筒，小沃森不无幽默地对他们说："你们为什么都聚集在这里？哦，我知道了，你们每个人都在等待要我付护理费，哈哈……"

话没说完，小沃森就完全失去了知觉。

等他醒来时，利尔森来到医院看他，小沃森决定先让他负责公司的一切。然后，小沃森又给威廉斯打了电话，他现在是公司里的资深董事，告诉他一切都已经安排好了。

纽博医生经常和小沃森长谈。他走进来，关注地看着小沃森："沃森先生，您醒了？"

小沃森开玩笑说："是啊，我真走运，是吧？"

"是啊，您的心脏病很严重，要注意保养。"

他们开始谈论心肌梗死方面的事，以及多长时间才能康复。

纽博说："您是我所见到的病人中最了解心肌梗死病的人。"

小沃森说："我会力求避免第二次心肌梗死。"

"好吧，您出院后计划做什么呢？"

"我不知道。也许出院后，过几年就退休。毕竟我已经 56 岁了。"

纽博直盯着小沃森的眼睛说："为什么不考虑现在就退休呢？"

小沃森一愣："现在？我还没考虑过。"

纽博不再说话，随后他就离开了病房。

但小沃森那一天心情都无法平静。他意识到，管理国际商用机器公司的紧张工作是要付出巨大的精力和代价的，何不现在就以病光荣引退呢？

第二天早上，灿烂的阳光从窗外照进来时，小沃森感觉到这是几十年来最轻松的时刻，他的心情也豁然开朗了。

小沃森通知公司里的高层："我要退休！"

大家当然不敢想象，也不愿意小沃森退休，他们轮流到医院来劝小沃森："您不能退休，国际商用机器公司不能没有您。"

但小沃森这时决心已定，不容更改。他与董事会达成了协议，先让利尔森做一年半的总裁，然后由他选中的电脑部美国分部的经理弗兰克接任。而小沃森自己则担任董事会执行委员会主席。

一切都安排妥当之后，小沃森离开了他和父亲为之奋斗了 57 年的国际商用机器公司，开始了新的生活。

勇于挑战探险北极

1971 年，小沃森在医院病床上宣布退休，辞去国际商用机器公司董事长职务。

现在，小沃森又沉浸在远航梦想的快乐之中了，他计划要买一艘速度更快的游艇。于是立即把游艇设计师奥林·史提芬请到医院的病床边来，还请来了原来那艘游艇的船长保罗·沃特，他们就在床上设计远航草图。

小沃森还抽空阅读《库克船长》航海杂志，这是他从小就喜欢的杂志。

当迪克知道了哥哥的计划后，给他寄来了一幅巨大的油画，画面是一艘远航归来的 19 世纪的英国航船进入朴次茅斯的情景。他在画的下面写上了一句话："我希望这是你所收到的最美好的祝愿卡。"这使小沃森十分感动。

一个月后，小沃森终于出院了。经历了心脏病的打击后，他才发觉自己的身子骨是如此的脆弱。多年来对他而言非常重要的事情一下子从身上卸了下来，小沃森终于如愿以偿开始实现远航的梦想了。

由于心脏病，小沃森的飞行驾驶执照被吊销了。这一切的潜在深处实际上是他对自己生命的恐惧。他深深地认识到，只有远航才能挽救他的恐惧。

他记起了纽博医生对他说过："你要么成为一个心脏病残疾人，总是待在医院附近，准备心脏病第二次发作，好随时被收留住院；要么你忘掉医院的一切，忘掉自己是有病缠身的人。"

小沃森愿意做后者，解决的办法是驾船到远方去航行，那里没有医院，让人忘却病痛。

于是，小沃森偕同保罗·沃特、好朋友艾德·托伦，以及几个年轻人，驾船驶向那遥远的新西兰岛。

在出发之前，艾德去看望了纽博医生，纽博医生拿起一个橘子，教他在危急时候如何给小沃森注射吗啡。

后来果然发生了这样的事情：当他们在新西兰大北岛抛锚时，小沃森的心脏病又发作了，他们立刻把他送上岸住进新西兰的格林菲尔医院。

事后，小沃森把恐惧抛到了脑后，又缓过劲儿了，回到船上继续航行。他们全力以赴地与恶劣的气候奋斗了一个月，终于顺利地到达了目的地。当他们返航归来时，奥丽芙早在港口等着了。

尼克松时期的经济萧条终于过去了。利尔森接任董事长期间成绩斐然。至1973年1月，弗兰克接任利尔森的职务后，公司发展得更快了，当时公司年产值几近100亿美元。

1974年8月，已经60岁的小沃森又开始了他的梦想：去北极探险！

这一天，小沃森对奥丽芙说："亲爱的，我要让你看一件宝贝！"

奥丽芙看丈夫高兴得像一个孩子似的，不由疑惑道："什么宝贝让你高兴成这样？"

小沃森把妻子带到码头上，奥丽芙看到了一艘新游艇。她笑了，深情地望着丈夫："汤姆，我又看到了当年那个英俊威武的空军上尉！"

小沃森说："是啊，如果去不成北极的话，这将是我一生的遗憾。你愿意跟我一起去吗？"

奥丽芙太了解丈夫了："那还有什么可说的。"

于是他们就出发了……

小沃森在船铺上被引擎的轰鸣声惊醒了，一看表才早晨4时，但窗外已经是大亮了。那时，游艇正在穿过重重的冰山驶向格陵兰的海岸边，这里已深入北极圈500多英里了。

小沃森穿着睡袍登上了甲板，上面的温度是零下40摄氏度，一缕阳光从东北边的天际照射出来。雾中巨大的冰山依稀可见，在这个地区，冰山如同云彩一样普遍。

小沃森少年时代的同伴吉米·玛丹正在掌舵，他上大学期间曾经来过北极圈探险。在桅顶上的是尼克·史切，是位18岁的航海新手。他看起来很机敏，讨人喜欢。

游艇上的业余航海者们几乎都没有在这样遥远的北极航行过。格陵兰岸边的水域里布满了无数的冰山，有的冰山足有一英里长，看起来几乎都是半透明的绿色"晶体"，在它们之间穿行十分困难，它们随时都有可能把单薄的船只撞沉。

极目所及的地方就是他们将登陆的史密斯·桑德港，那里保留了爱斯基摩人的伊塔营地。1909年，探险家皮那海军上将就在那里登陆，然后开始了他的800英里的艰苦跋涉，最后到达北极极地。

小沃森要在从国际商用机器公司退下来后的余生中，不再让过去的繁杂的事情在生活中投下阴影。他希望到人迹罕至的地方去进行真正的冒险和远行。

吉米·玛丹的一位好友乔治·德拉克曾警告小沃森不要去北极远航。他给吉米写了一封信，说那里冰山遍布，气候多变，经常突然出现暴风雨，大部分时间都是阴云天气，要不就是浓雾笼罩。

但小沃森仍按原计划由缅因州出发向纽芬兰进发，然后穿过大卫海峡。为了避开冰山，走的是一条弯路到达拉布拉多海岸。

这是一次雄心勃勃的远航，船员的组成纯粹是一支"杂牌军"，其中有年轻人，也有老年人，有男人还有女人；而且只有两个人是有经验的水手，但他们也没有到北极航行过。

天气变幻莫测，经常云雾弥漫，能见度极低，由于整日见不到太阳，只能依靠无线电信号来导航。

经过一个星期冰冷的航行，他们终于靠近了格陵兰的首府戈特霍布。他们在浓密的雾中摸索着前行，由于搞不清去港口的水路，正想停下来。正在此时，突然刮起了一阵风，顿时云消雾散，蓝蓝的天空下面有一座城镇十分壮观地展现在大家眼前，戈特霍布就坐落在白雪皑皑的山脚下。

格陵兰在一年5/6的时间里都被冰雪所掩盖。但在夏天，戈特霍布是一处十分可爱的地方，大地一片盎然绿意，野花竞相开放，还有一些低矮的绿树，景致真是美极了。

船刚刚靠上港口，奥丽芙和几个朋友就急不可待地飞奔到港口的人群中去了。

小沃森在那里雇用了一名爱斯基摩的破冰好手，他叫拉尔斯·杰恩森，刚从航海学校毕业。

驶离戈特霍布继续向北航行几天后，小沃森突然发现，游艇后部发出了摩擦声。当时拉尔斯正在舱下玩牌，小沃森在甲板上发出了几次警报铃声都未见他上来。后来一位船员说："这种如同船体碰到石头的声音在舱下也听到了，这种情况常常有惊无险。"

　　他们继续沿着格陵兰的海岸线向冰岛的迪斯科港驶去。冰岛曾经是捕鲸者们聚集的地方。小沃森从童年就开始极有兴趣地阅读探险家们去北极探险的故事。

　　7月12日，终于进入了北极圈，那里景色奇丽，极目望去，到处都是峡湾和冰山，景象极为壮观。但就在7月18日的清晨，突然从家里传来一个不好的消息中断了小沃森的这次航行：迪克在他新坎南的家里出了一点意外，你必须尽快回家。

　　小沃森心里一沉：迪克当时只有55岁，但身体一直不好，一年前他刚刚得了一次心肌梗死，正在复原之中。

　　小沃森和奥丽芙从157英里外弄来了一架直升机就匆忙赶去机场，然后直飞康涅狄格州，赶到医院的时候，迪克已经不可挽救了。

　　在迪克的葬礼结束后，奥丽芙仍然留在那里安慰迪克的妻子南茜。小沃森又直接返回到游艇上，因为迪克的死对他打击太大，待在那里，只会让自己和他们一起痛苦。

　　8月上旬，船已经深深地进入北极圈内了。小沃森曾参加过无数次航海比赛，对各种海上情况都比较熟悉，但现在海上的情景却是他以前从未见到过的。海水是黑色的，一片平静，时而被已经有点刺骨的微风吹起一点波澜。海面上布满着各种各样的鸟类，有海鸥、野鸭，还有一些叫不上名字的巨鸟。

　　他们有时在冰山中穿行，这里午夜太阳仍然不落，还射出缕缕半透明的蓝光，分外妖娆。

突然，许多巨大的冰块互相碰撞挤压后发出的声音打破了这一片宁静祥和，当地的渔夫把这叫作"巨灵嗥叫"。

这里的天气真是晴空万里，大家为了不错过此生难得的机会，午夜都集中在船尾的甲板上观看不落的太阳在远处地平线作圆周旋转。

有时候，游艇会被三四尺高的波浪撞击得摇晃起来。他们每两人为一班，昼夜值班看护着船。任何人如果发现冰山，或者天气突然变化都要及时告诉小沃森。

他们继续向前航行，伊塔营地就在前面 150 海里。当穿越史密斯海峡时，冰山越来越多，拉尔斯·杰恩森一直在桅杆那里全神贯注地远眺远方洋面，谨慎地搜索海面上可能出现的巨大冰山。

他们决定向东航行，去一个爱斯基摩人居住的叫奎奈克的村落，拉尔斯在那个村里有几个熟人。他们的游艇缓慢地向前行驶了 12 个小时，西南方 6 英里的地方有一些木棚依稀可见，那就是奎奈克。

就在这时，前面出现了巨大的冰块挡住了去路，船无法前进了。拉尔斯说："我们能够到达那里，我要设法使我们进村去。"

但游艇未加保护罩的螺旋桨，仅在水下 3 码的深处，船体只有 1/4 英寸厚的铝板，不能硬闯，只能绕过去。

一个水手来报告："我们被冰山夹住了，既前进不了，也无法后退，怎么办？"

小沃森看过一些探险的书，他马上说："我们必须离开这儿，否则冰越来越多，我们会被困在里面的。"

拉尔斯说："那还不是最糟的。如果被运动的冰山挤翻了，那才要命。"

小沃森不由得想起了第二次世界大战时在苏联执行任务途中的一幕。他此时现出了无所畏惧的军人气质："我们一定能闯出去!"

他们决定让船向后退，谨慎地退向较好的水面，经过了3个小时的奋斗，才好不容易绕出了巨大的冰块群。当时离北极极心约370英里。

第二天下午，他们就停靠在空军基地巨大的加油码头边上。卫兵看到他们的游艇后非常吃惊。没多久，基地司令官和一群丹麦军官走来欢迎他们。

小沃森告诉他们："我们将向北面继续航行。"

小沃森终于征服了北极，也赢得了他生命中的又一个挑战!

重温旧梦与世长辞

1977 年夏天，小沃森正在诺思黑文拟定去智利合恩角航行的计划，电话铃响了。此时是吉米·卡特当选美国总统的第一年，电话是新任国防部长哈罗德·布朗打来的，他说："我和国务卿万斯都认为你应当来华盛顿干点事情。"

当小沃森从国际商用机器公司退休时，万斯也是公司的董事，他们很熟。

小沃森说："布朗，我现在正舒舒服服地坐在椅子上欣赏着窗外的景色，为什么要去华盛顿呢？"

布朗答道："哦，那是因为卡特总统希望你出任军备控制和裁军咨询委员会的主席。"

1979 年 5 月，就在小沃森全身心地投入军控咨委会的工作并自得其乐的时候，《纽约时报》突然披露了一则消息："美国驻苏联大使马尔科姆·托恩即将退休离任，哈里曼推荐国际商用机器公司的小沃森来替代托恩。"

1981 年 1 月，当小沃森从莫斯科回来时，离他决定从国际商用机器公司退下来刚好 10 年。这丰富多彩的 10 年又使他的身体恢复了健康，终于摆脱了公司的业务，实现了冒险旅行的计划，而且还在公共事业方面为家族赢得了荣誉。

早在得心脏病时，联邦航空管理局吊销了小沃森的飞行执照，两年后又发还给了他。

小沃森首先想到的是学习驾驶一种新的机种来激发自己的生活。所以他参加了波士顿直升机训练中心的训练班。每天上午接受一个小时的飞行训练。他得意地想："自己真是一位天才的飞行员。"大约在空中飞行了 35 个小时后，他就对教练说："我想我现在可以单飞了。"

教练回答说："没关系，你什么时候想单飞都可以。"

两个星期后，小沃森顺利地得到了直升机驾驶执照，还买了一架比尔·简特型直升机。

早在上大学期间，小沃森就能驾驶 15 种机型；第二次世界大战时，他也驾驶过 30 种不同的飞机。他一直乐此不疲，这与他喜欢挑战的性格有关。

从开一种飞机到改开另一种飞机，那是一种真正的挑战。小沃森就是经常尽最大努力去经受挑战的考验。许多认识他的人都说："你们看吧，那老小子早晚有一天会栽到地上的。"

但飞行使小沃森心旷神怡，在退休后的前 5 年，他又累计飞行了 2000 个小时。这比一个航空公司的驾驶员的飞行时间也少不了多少。他永远在规划着自己的时间，以使自己过得充实、再充实，这也就是他经营国际商用机器公司所持的精神。

回到格林尼治的家后，小沃森情绪一直不高。奥丽芙对他说：

"为什么不轻松轻松呢？看望一下你的孙儿们，再去加勒比海转转。"

小沃森照奥丽芙说的去做了，但回来后还是感觉没有什么意思。于是，他又开始把精力集中到飞行和航海活动中去，开始单独驾船穿越加勒比海。

这次航行只有 1000 英里，但一个人驾船航行实在尝够了孤独和恐惧的感觉。回来之后，小沃森又着手组织一次由一组业余海员参加的远航。

1985 年末，小沃森终于如愿以偿地实现了长时间被推迟的周游合恩角的远航计划。第二年的夏天，他们又北上沿着拉布拉多海岸直至达哈得逊湾。

进行这些探险，让小沃森一次次感到骄傲和自豪，但每次探险后的热情又激励他很快去筹划另一次冒险航行。

1979 年，小沃森曾要求苏联准许他再度横穿西伯利亚，沿着他在第二次世界大战时载着福利特将军飞行的路线，做一次"回顾飞行"。

小沃森先是和苏联的高级官员阿巴托夫讨论，阿巴托夫认为没有什么问题。但当小沃森拿出地图，指给他看当时穿越西伯利亚的租用航线时，他面有难色说："这可不太容易解决啊！"

1987 年春天，戈尔巴乔夫上台，苏联开始寻找和美国改善关系的途径。在一次外交关系委员会的会议上，小沃森再次偶遇阿巴托夫，他对小沃森说："汤姆，现在可以了，你现在可以驾着你的飞机，实现你的回顾飞行了。你只要和苏联航空公司联系中途加油事宜就可以了。"

小沃森联系了副驾驶员鲍伯·菲伯特，他多年来是国际商用机器公司的优秀驾驶员。小沃森还希望奥丽芙能和他同行，但她因有病卧床而只好待在家里。小沃森就带上了16岁的孙子威利同行，还有盖瑞森和他的夫人，以及《时代》杂志在军备控制问题上的著名记者史特罗比·塔布特。

1987年7月5日，他们从威斯特切斯特机场出发了。

两天后，他们就进入了苏联到达了莫斯科，阿巴托夫发来电报告诉说：飞机可在下午17时30分后进入莫斯科机场。

飞机非常准时地在莫斯科机场降落。阿巴托夫和马祖鲁克将军从车上下来迎接他们。马祖鲁克是苏联的传奇飞行员，他在第二次世界大战期间担任阿拉斯加至西伯利亚空中专线的司令。他已经80岁了，大战期间空中专线行动是他一生中辉煌时期中的一段，他也是在战争中与小沃森结下了深厚的友谊。

当马祖鲁克走向飞机时，他的脸上挂满了泪珠，他伸开两臂拥抱着小沃森，吻着小沃森的两颊："汤姆，你还好吗?"

尽管小沃森刚刚降落，情绪还没转过来，但他也早已热泪盈眶了："我还好，马祖鲁克将军!"

两位第二次世界大战的老兵紧紧地拥抱在一起。当晚，苏联方面举行了宴会，还有好几个人陪餐。他们赞颂了小沃森在战争时期的贡献。

在莫斯科停留了一个星期，检查和确保为这次飞行所要做的一切事情都已安排就绪。小沃森也在此期间再次会见安德烈·葛罗米柯。此后戈尔巴乔夫把他提升为苏维埃主席团主席。

7月13日，星期一，小沃森终于能再次穿越西伯利亚了。他们每天只飞行四五个小时，晚上就住在偏僻的城镇上。

在飞行途中，小沃森回想起福利特将军在机舱里为了驱赶寒气不被冻僵，不断地喝伏特加酒的情形。但现在的这架喷气飞机的设计是符合高空飞行要求的，所在的飞行高空温度一直与西伯利亚的严冬一样寒冷，它能经住高强冷的侵袭。

在飞行操纵空间，小沃森透过窗户向下面望去，再次为壮丽的俄罗斯山河而陶醉。

最后，他们终于到达了雅库茨克。小沃森又回想起那个暴风雪的日子，他差一点坠机身亡。现在这里已经是一个明亮而又朝气蓬勃的新兴城市了。当飞机终于在跑道上降落的时候，小沃森对机场的巨大变化感到十分惊讶。

在 1942 年，那时所谓的机场不过是在一片开阔地上有一条柏油跑道，而现在已经发展成一个航空中心了，那里停放着各种型号的飞机群。

小沃森不由唏嘘不已。第二次世界大战中在苏联的这段经历，在他心里留下了难以磨灭的记忆。也正是这段经历，使他脱胎换骨，重新做人。

在开始本次飞行前，小沃森向当地博物馆的老馆长提供了战争期间在这条"租借飞行线"上飞行活动的照片。他安排了一次小小的展览。小沃森发现，他和战友们的照片也被展了出来。

在那天下午，小沃森在勒那河的河滨散了一个小时步，在那里回顾了他的一生。福利特将军就是在这里提升了他，从此，他赢得了全体同事的信赖，并成为他们的领导。

小沃森放眼向大河望去，这是他第一次看到河面没有冰封的情景。他心潮起伏："无论我的生命将延续很多年，还是就将终止在明天，此时故地重游总算实现了我的夙愿。"

这就是小沃森的最后一次历险。

1993年12月，79岁的小沃森因中风引起并发症与世长辞，结束了他传奇而丰富的一生。

附：年　谱

1914 年，出生于俄亥俄州的代顿市。同年，父亲老托马斯加盟国际商用机器公司的前身计算制表记录公司。

1919 年，参观位于代顿的磅秤厂，第一次接触国际商用机器公司。

1924 年，计算制表记录公司改名为国际商用机器公司。

1927 年，进入中学，第一次飞行旅行，第一次看有声电影。

1933 年，中学毕业进入布朗大学。

1937 年，大学毕业。到欧洲、远东旅行，进入国际商用机器公司的销售学校学习。

1939 年，销售学校的学习结束，成为一名国际商用机器公司推销员。

1940 年，应征入伍，成为一名飞行员。

1941 年，与奥丽芙结婚。

1942 年，进入利文沃斯学校学习。

1946 年，重返国际商用机器公司，同年升任副总裁。

1949年，任国际商用机器公司执行副总裁。

1952年，升任国际商用机器公司总裁。国防计算机问世。参与SAGE计划。

1954年，小型计算机国际商用机器公司650型产品问世，在商界刮起一股650旋风。

1955年，新型商用计算机国际商用机器公司702型产品问世。

1956年，接任国际商用机器公司首席执行官职务。父亲去世。改组国际商用机器公司，公司股票上市。国际商用机器公司销售额达到4亿美元。

1957年，研制开发国际商用机器公司305型机器，第一个电脑磁盘储存系统。推出ROTTRAN语言。

1958年，实行员工年薪制，并开始实现职工入股。

1961年，国际商用机器公司销售额达到20亿美元。

1964年，开发国际商用机器公司360型系列机器。

1966年，国际商用机器公司360型产品收入40亿美元，纯利润10亿美元。

1970年，国际商用机器公司产值突破75亿美元，全世界70%的计算机都来自国际商用机器公司。

1971年，因病退休，辞去国际商用机器公司董事长职务。

1977年，出任美国军备控制和裁军咨询委员会主席。

1979年，出任美国驻苏联大使。

1987年，最后一次探险，驾机返回故乡，驾机重返第二次世界大战时开辟的美苏运输航线。

1993年，因病去世。